**COMPETITIVIDADE E MUDANÇAS
NO DNA INSTITUCIONAL**

Outros títulos SEMESP / CULTURA

Klaus Kleber & Leonardo Trevisan (Orgs.)
PRODUZINDO CAPITAL HUMANO
O papel do ensino superior privado como agente econômico e social

Fábio Garcia Reis (Org.)
FORMAÇÃO E EMPREGABILIDADE
Os desafios da próxima década na educação superior

Fábio Garcia Reis (Org.)
LIDERANÇA E EDUCAÇÃO
Formação de líderes na dinâmica do ensino superior

Fábio Garcia Reis (Org.)
EMPREENDEDORISMO E INOVAÇÃO NO ENSINO SUPERIOR

José Roberto Covac
PRESTAÇÃO DE SERVIÇOS EDUCACIONAIS
Contrato – Legislação – Jurisprudência

Fábio Garcia Reis

COMPETITIVIDADE E MUDANÇAS NO DNA INSTITUCIONAL

Construindo a educação superior do futuro

cultura

2014 © Sindicato das Entidades Mantenedoras de Estabelecimentos
de Ensino Superior no Estado de São Paulo (Semesp)
2014 © Editora de Cultura
ISBN: 978-85-293-0182-2

Direitos desta edição reservados a
EDITORA DE CULTURA

Av. Sapopemba, 2.722 - 1º andar
03345-009 – São Paulo – SP
Fone: (55 11) 2894-5100

atendimento@editoradecultura.com.br
www.editoradecultura.com.br

*Partes deste livro poderão ser reproduzidas, desde que
obtida prévia autorização por escrito da Editora e nos limites
previstos pelas leis de proteção aos direitos de autor e outras
aplicáveis. Além de gerar sanções civis, a violação dos direitos
intelectuais e patrimoniais do autor caracteriza crime.*

Primeira edição: Setembro de 2014
Impressão: 5ª   4ª   3ª   2ª   1ª
Ano: 18   17   16   15   14

Dados Internacionais de Catalogação na Publicação (CIP)
(Elaboração: Aglaé de Lima Fierli, CRB-9/412)

C735	Competitividade e mudanças no DNA institucional: construindo a educação superior do futuro / organização de Fábio Garcia Reis. São Paulo: Editora de Cultura, 2014. 160p.: Il.; 17x24cm.
	Palestras apresentadas no 15º FNESP, 2013 ISBN: 978-85-293-0182-2
	1. DNA Institucional – Ensino superior privado. 2. Empreendedorismo - Ensino superior – Brasil. 3. Ensino Superior Privado. I. Reis, Fábio Garcia, Org. I. Fórum Nacional Ensino Superior Particular Brasileiro, 15.
	CDD 378.040981

Índice para Catálogo sistemático

DNA Institucional : Ensino superior privado	378.040981
Empreendedorismo : Ensino superior : Brasil	378.04
Ensino superior privado: Brasil	378.040981
Marketing : Educação	658.83
Comportamento organizacional	658.406

SUMÁRIO

APRESENTAÇÃO
GARANTIR A IDENTIDADE E A COMPETITIVIDADE DAS IES [7]
Hermes Ferreira Figueiredo

CAPÍTULO 1
A RUPTURA DE PARADIGMAS NO CENTRO DO DEBATE [11]
Fábio Garcia Reis

CAPÍTULO 2
BYU, EUA: ESTRATÉGIA EDUCACIONAL DE MUDANÇA [19]
Fenton L. Broadhead

CAPÍTULO 3
O DESAFIO DE CRIAR UMA ESTRATÉGIA TRANSFORMACIONAL [32]
Luiz Fábio Mesquiati

CAPÍTULO 4
FERRAMENTAS DE INOVAÇÃO EDUCACIONAL [43]
Anna Penido

CAPÍTULO 5
ACADEMIA DA INOVAÇÃO NO TRINITY COLLEGE [55]
Mauro Ferreira

CAPÍTULO 6
PROMOVENDO O SUCESSO DO ALUNO [63]
George D. Kuh

CAPÍTULO 7
EVASÃO, RETENÇÃO E FIDELIZAÇÃO: O CASO MACKENZIE [80]
Solano Portela

CAPÍTULO 8
COMPETITIVIDADE, TALENTOS E ÉTICA [91]
Fernando Schüler

CAPÍTULO 9
DESENVOLVIMENTO ÉTICO E RESPONSABILIDADE [101]
Henrique Luís Sá

CAPÍTULO 10
GANHAR O JOGO NO MERCADO EDUCACIONAL [113]
Carlos Alberto Filgueiras

CAPÍTULO 11
COMPETITIVIDADE, RANKINGS E IMPACTO DO SINAES [122]
Claudia Maffini Griboski

CAPÍTULO 12
UMA VISÃO SOBRE RANKINGS E A EXPERIÊNCIA DO RUF [135]
Rogério Meneghini

CAPÍTULO 13
UM RETRATO DO GUIA DO ESTUDANTE DA EDITORA ABRIL [144]
Lisandra Matias

Sobre o Organizador [152]
Sobre os Autores [153]

APRESENTAÇÃO

GARANTIR A IDENTIDADE E A COMPETITIVIDADE DAS IES

Hermes Ferreira Figueiredo

Nos seus 15 anos de realização, o FNESP – Fórum Nacional: Ensino Superior Particular Brasileiro se consolidou como o principal evento promovido pelo segmento do ensino superior privado para debater e encaminhar soluções capazes de garantir a evolução e o crescimento da educação superior do país. Ao reunir a elite desse pujante setor no Fórum, o Semesp tem oferecido aos mantenedores e gestores das instituições, assim como aos especialistas e profissionais da educação de todo o país, um espaço permanente para análise e debate. Seu foco são modelos acadêmicos que sejam socialmente inclusivos e permitam às nossas IES atender às variadas demandas por educação dos jovens brasileiros dentro de padrões de qualidade cada vez mais elevados.

Quem nos acompanha desde 1999 sabe que, ao longo desse tempo, nós avaliamos, no âmbito do FNESP, os movimentos globais da educação superior. Examinamos os modelos aplicados pelas instituições de ensino de todo o mundo – da América do Norte à Europa, da Ásia à America Latina – e pudemos aprofundar questões como empreendedorismo, inovação e influência do investimento estrangeiro no mercado.

Nessas várias edições do FNESP, discutimos as políticas públicas e o papel do governo na avaliação e na regulação; falamos sobre evasão e inadimplência; focalizamos financiamento, expansão e também competitividade. Este último tema foi, novamente, objeto da nossa atenção no 15º Fórum, cujos debates e reflexões compõem os artigos deste livro. Só que, desta vez, o tema aparece relacionado com a importante questão das mudanças no nosso DNA institucional.

Quando falamos de DNA institucional, referimo-nos à identidade da instituição, aquilo que a caracteriza, define sua cultura e seu estilo acadêmico. Ela tem que ter consciência plena de sua identidade, que é um componente inerente à manutenção da sua competitividade.

Mas o tema da competitividade trazido ao 15º Fórum não se referiu ao resultado financeiro das nossas instituições ou à eficiência dos nossos processos. Tenho até dúvidas se isso é, realmente, o que pode diferenciar uma instituição e torná-la competitiva.

O aspecto do tema abordado pelos autores dos artigos que compõem esta obra, organizada pelo coordenador técnico do FNESP, professor Fábio Garcia Reis, envolve nossa capacidade de ser os melhores na nossa atividade fim, nossa habilidade de nos mostrar comprometidos com os objetivos que traçamos para as nossas instituições.

Nada mais oportuno do que analisarmos o item competitividade sob esse aspecto. É inegável o amadurecimento do setor do ensino superior privado brasileiro, cujo crescimento é recente. Passamos por uma série de fases e, depois de termos experimentado expansão, mudanças regulatórias, guerras de preços, estagnação e inclusão, chegou a hora de darmos mais um salto.

Precisamos entender o que significa ser uma universidade realmente competitiva, e também o que devemos fazer para chegar lá. Uma instituição se torna competitiva quando reúne gestores apaixonados; que se sintam motivados a estabelecer um novo estilo de governança e gestão; que sejam capazes de mostrar aquilo que a instituição almeja. Ninguém inova se não tiver profunda identificação com esse objetivo. Nenhuma alteração na metodologia será capaz de promover mudanças sem que haja essa identificação.

Portanto, como lembra o organizador do livro, a construção e a manutenção do DNA institucional são fruto de uma ambição coletiva, de um alto nível de engajamento institucional, uma coisa que só se cria com pessoas comprometidas. Para isso, não precisamos de gerentes controladores. Precisamos de pessoas apaixonadas, empenhadas em fazer parte do projeto, que não se limitem a apenas olhar os resultados numéricos. Precisamos de menos gente preocupada somente com a "última linha" – a famosa *bottom line* dos demonstrativos financeiros.

Nesse caso, executivos de gabinete não funcionam. Porque a mensagem tem que chegar na ponta. O professor e os alunos têm que saber das preocupações dos dirigentes, conhecer plenamente sua missão e seus objetivos. Se o corpo docente e os alunos não perceberem esse compromisso, a instituição jamais poderá ser competitiva. Porque, sem esse envolvimento, sem esse vínculo que demonstre a preocupação da IES com a formação do aluno e com o dia em que ele ingressará no mundo do trabalho, nada funcionará. O comprometimento não pode ser uma abstração, tem que haver encantamento com o que se faz.

Acredito que o grande desafio, especialmente nos grandes conglomerados educacionais, é como passar essa mensagem e fazê-la chegar isonomicamente a todos os *campi*, para que todos na instituição tenham a mesma referência de valores. Caberá aos gestores realizar as mudanças necessárias para garantir a desejada inovação e o alinhamento da formação com as demandas dos alunos, sem perder a identidade e mantendo a competitividade institucional.

Acredito que ainda temos muito a fazer para mostrar nossa capacidade de romper com velhos paradigmas – e não apenas para oferecer um ensino de qualidade, mas sobretudo um ensino totalmente alinhado com a dinâmica e as demandas do século em que vivemos. É isso o que a sociedade espera de nós, no nosso papel de indutores do desenvolvimento econômico e social do país – que, como não me canso de repetir, mais do que uma aspiração, é um direito de todos os brasileiros.

CAPÍTULO 1

A RUPTURA DE PARADIGMAS NO CENTRO DO DEBATE

Fábio Garcia Reis

"DNA, Helix of Life" (detalhe), bronze da escultora britânica Briony Marshall

    Quando organizamos para o Semesp a pauta de trabalhos do 15º FNESP, "Competitividade e Mudanças no DNA Institucional", tínhamos como objetivos oferecer um cenário que nos permitisse ampliar a compreensão dos especialistas e profissionais que atuam no segmento do ensino superior sobre como as instituições podem ser competitivas e como elas podem mudar o DNA institucional, além de estimular um amplo debate em relação às mudanças estratégicas que a cada dia se tornam mais necessárias para as nossas instituições.

O livro *The Innovative University: Changing the DNA of Higher Education from Inside Out* [literalmente, "A universidade inovadora: mudando o DNA da educação superior pelo avesso"], de Clayton M. Christensen e Henry J. Eyring, foi a obra que inspirou a organização do Fórum. O livro é um boa referência de leitura para os gestores de IES interessados em implementar processos de inovação em suas instituições. A obra trata de um tema que não é novo no Brasil: reinvenção e inovação na IES. A proposta é apresentar os caminhos para a mudança de DNA da IES tradicional para que possa sobreviver na situação atual do mercado. Como exemplo de mudança do DNA, os autores analisaram a Brigham Young University, localizada em Provo, no estado de Idaho, Estados Unidos.

A partir da inspiração de Christensen e Eyring, estruturamos as palestras e debates, que tiveram como protagonistas os autores dos artigos que compõem este volume. Os leitores irão perceber que o ambiente competitivo do ensino superior exige que os gestores façam a "*disruption*", ou seja, a ruptura com os velhos paradigmas. Esse rompimento acontece em diversas frentes, como, por exemplo, no estilo de governança e gestão, no modelo de ensino e aprendizagem, no modo de realização do trabalho cotidiano, em função das novas tecnologias e dos meios de comunicação, na forma de relacionamento com os alunos, que estão interessados em experiências diferentes e têm demandas nem sempre entendidas ou mesmo percebidas pelas IES.

A ruptura exige posturas e decisões diferenciadas dos gestores, requer uma reorganização da IES. As mudanças tendem a contribuir para um novo DNA, ou mesmo para o fortalecimento do já existente. Para uma IES ser competitiva, é preciso ter consciência de sua identidade, focar em prioridades e fazer as inovações e os rompimentos necessários.

O DNA é entendido como a identidade da IES, como aquilo que caracteriza a instituição. É a forma como a sociedade enxerga a IES. Esta, quando bem organizada e definida em sua identidade, governo, gestão, cultura, programas e estilo acadêmico, constrói uma imagem perante a sociedade e tem um DNA estruturado. A imagem não pode ser o reflexo do desejo, mas, sim, de ações e resultados concretos. Sabemos definir o DNA da IES em que trabalhamos? Qual é o DNA da nossa IES? O DNA não pode ser confundido com "planejamento no papel" e "altas aspirações".

Um DNA se constrói com pessoas comprometidas. A sua definição é fruto de uma ambição coletiva. Requer alto nível de engajamento institucional. O compromisso e o engajamento devem ser de todos os setores, especialmente os estratégicos. Não se pode admitir um governo de IES sem rumo, formado por pessoas que não tomam decisões coletivas ou que não colocam em prática estratégias coletivas. Os líderes são referência e inspiração institucional. A prioridade para as organizações é saber quem está comprometido e, posteriormente, saber para onde a instituição vai ou onde quer chegar.

A preocupação com o "quem", passa pela composição do time de gestores e, sobretudo, dos professores. Em um contexto de ruptura, ter um corpo docente pouco interessado no uso de novas metodologias de ensino ou no uso de tecnologia é um problema sério. É preciso saber quem está "fora do ônibus", que significa não estar comprometido com as mudanças ou com as perspectivas institucionais. São pessoas que estarão pisando no freio e podem atrasar ou colocar-se em posição contrária às mudanças em curso.

Sabemos que, no ambiente do ensino superior, a melhoria da competitividade da IES requer líderes com capacidade de implementar processos de gestão profissionalizada. Não há dúvida de que esse aspecto é essencial. Certos mantenedores consideram que a gestão profissionalizada exige um perfil executivo das pessoas responsáveis pelo comando da reitoria. Entendem que é preciso contratar, preferencialmente, pessoas com trajetórias de sucesso no mundo corporativo das empresas. O gestor executivo, na visão dos mantenedores, conhece as ferramentas da boa gestão; portanto, é capaz de proporcionar os resultados financeiros para os investidores e proprietários das instituições. Outros consideram que o perfil acadêmico seria o ideal. Essa polêmica sobre perfil acadêmico ou executivo pode nos trazer respostas e soluções que não vão melhorar a competividade de uma IES.

O melhor perfil não está necessariamente na origem acadêmica ou executiva. Concordo com o professor Phillip Altbach, do Center for International Higher Education, do Boston College, para quem o líder tem que ter personalidade, capacidade de engajar equipes e de propor inovações para a IES em um ambiente dinâmico e complexo. Altbach afirma que o sucesso de uma IES depende do líder e que, de modo geral, as melhores instituições do mundo têm líderes com sólida formação acadêmica. Ele considera que a IES é uma empresa complexa, que exige capacidade de gestão e resultados concretos.

Para ele, o líder deve favorecer a meritocracia e os valores acadêmicos. Altbach considera ainda que os investimentos devem priorizar projetos sintonizados com a missão e a identidade da IES. Esse é um primeiro eixo essencial da competitividade: o perfil do líder, a solidez de sua formação acadêmica, a capacidade de engajar pessoas e de inovar e o foco nos resultados. A capacidade de inovação talvez seja uma das características mais valiosas do perfil do líder de IES. É a partir desse contexto que uma IES pode sonhar com a mudança do DNA institucional. Um DNA bem definido requer clareza da missão e da identidade.

No livro *The Innovator's Dilemma* ["O dilema do inovador"], Clayton M. Christensen indica que bons gestores do mundo corporativo podem falhar em função da incapacidade de instigar a reflexão e propor a *"disruptive innovation"* – literalmente, a inovação disruptiva, isto é, capaz de derrubar uma situação, produto, tecnologia ou serviço previamente estabelecido no mercado. Para Christensen, há companhias que não têm a cultura de instigar e tornar reais as inovações que viabilizam as rupturas. Por isso, muitas companhias perdem o tempo, o momento ótimo, da mudança. Podemos enxergar esses mesmos erros na governança e na gestão das IES.

As IES podem sucumbir em um ambiente competitivo se forem administradas por pessoas malpreparadas e sem motivação, burocráticas, arrogantes, incoerentes com a identidade da instituição (aqui, trata-se de pessoas, não de IES), incapazes de enxergar e analisar os horizontes, de compreender as melhores referências do ensino superior; pessoas frágeis na gestão dos recursos, pois não investem em áreas promissoras ou nas atividades essenciais.

Por outro lado, as IES podem tornar-se competitivas com gestores que conseguem sair do lugar-comum e exercem uma administração pautada pelos princípios da inovação e da sustentabilidade. A IES que não faz a gestão da inovação tende a sucumbir no ambiente competitivo. Isso poderá significar perda da qualidade percebida pela sociedade, incapacidade de agregar valor aos estudantes, aos professores e aos empregadores, dificuldade de estabelecer boas parcerias, diminuição das matrículas, crise financeira e resultados inexpressivos nos processos de avaliação do MEC.

Como já afirmei, a melhoria da competitividade passa necessariamente pelo estilo de liderança e pela capacidade de inovação. De nada adianta um gestor com formação técnica invejável se ele não conhecer a dinâmica de uma IES, o ambiente e as macrotendências do ensino superior e se não tiver o perfil empreendedor e a capacidade de transformar as boas ideias em ações e projetos concretos e sustentáveis.

Para Christensen, a ruptura pode ter sua origem na capacidade das organizações de propor novas tecnologias, entendidas por ele como os processos pelos quais a organização transforma o trabalho, o capital e a infraestrutura disponível em informação, produtos e serviços que agregam valor.

Os líderes de nossas IES terão o desafio de inovar em um contexto caracterizado pelo avanço da competição e dos grupos educacionais no mercado. Líderes capazes de propor a ruptura com os modelos institucionais tendem a colaborar com o fomento do círculo virtuoso.

A cultura e o clima organizacional são fatores essenciais para o estabelecimento de um círculo virtuoso nas instituições. As mudanças do DNA tendem a gerar um longo período de círculo virtuoso institucional.

Além dos fatores anteriormente citados, como fomentar o círculo virtuoso em momentos de ruptura de paradigmas? Um dos elementos estratégicos é o investimento na formação das pessoas. Uma organização não faz mudanças estruturais se não contar com pessoas compromissadas, capacitadas e formadas. O investimento significa formar talentos em todos os setores da IES.

Outro fator indica que qualquer mudança precisa estar alinhada com as melhores referências do ensino superior. Somente com clara percepção e conhecimento do ambiente em que atuam os líderes poderão fazer as inovações necessárias. O gestor que se propõe a iniciar processos de mudança do DNA e criar um círculo virtuoso precisa conhecer a dinâmica do ensino superior.

Há ainda o fator que remete à necessidade de cooperação da IES com o setor produtivo e com o entorno. É necessário manter permanente contato com formadores de opinião, empregadores e organizações públicas e privadas. Igualmente, há necessidade de definição do planejamento, dos objetivos e das metas. A IES que pretende propor a ruptura precisa olhar para o futuro e garantir a sustentabilidade. É necessário dar relevo ao fato de que a identidade, os valores e a ética são pilares da organização. Não existe prosperidade institucional onde a identidade não é vivenciada, os valores são meramente formais e a ética no relacionamento é deixada de lado.

Os elementos do círculo virtuoso indicados parecem ser fáceis e acessíveis a todas as IES. E podem ser, desde que as IES, através de seus líderes, assumam novas posturas e decidam enfrentar o desafio de mudar o que for preciso para ter clareza do seu DNA.

Mas o contrário também é possível: uma IES incapaz de fazer a *"disruption"*, confusa em sua organização e dinâmica. Uma IES sem rumo, sem perspectivas de mudanças ou com crise de poder tende a ser obsoleta, desorientada e despersonalizada. Uma IES obsoleta não terá lugar no século XXI, dada a dinâmica do ensino superior. A desorientação representa fragmentação, "esquizofrenia institucional", incapacidade de realizar o planejamento e inspirar as pessoas. A despersonalização indica que a IES não tem imagem percebida, não consegue comunicar o que é e o que quer. É uma instituição que não conseguiu agregar valor.

No Brasil, há gestores que reconhecem a necessidade de implementar inovações acadêmicas. Há iniciativas de inovação metodológica, mas, de modo geral, muitos estão sem saber como aplicar ou implantar as inovações. Muitos não sabem como fazer, outros não sabem qual é a melhor metodologia de ensino. Há gestores que enfrentam resistências acadêmicas. A questão não é saber qual a melhor inovação.

O sucesso da IES passa necessariamente pelo desenho institucional da organização. Somos instituições com alta capacidade de aprendizado. Nossa competitividade, no ambiente em que atuamos, está diretamente vinculada a algumas decisões, entre elas:

a) escolher bem o time de governo e gestão e investir nas pessoas que podem manter o DNA ou fazer as modificações se for preciso (pessoas que podem assumir o projeto no futuro);
b) conhecer o ambiente da educação superior e tornar a instituição competitiva em um mercado dinâmico, global e

caracterizado pela economia do conhecimento, que exige inovação;

c) definir as estratégias e olhar permanentemente para a eficiência dos custos e para os indicadores;

d) ser capaz de promover a inovação acadêmica (no sentido amplo), assim como de escolher e capacitar os professores;

e) cuidar da formação e das demandas dos estudantes;

f) utilizar tecnologia na gestão e na dinâmica acadêmica.

A inovação e o alinhamento com a dinâmica e com as demandas do século XXI, sem perder a identidade, são componentes inerentes à manutenção da competitividade institucional. Uma instituição que pretende ser competitiva não pode se dar o luxo de manter em seu quadro de gestão pessoas desconectadas do ambiente dinâmico do ensino superior.

Ser responsável pelo governo ou gestão de uma IES é assumir a responsabilidade de fazer as rupturas que são necessárias no momento correto. Postergar as mudanças pode representar aumento de custo e perda de competitividade. Não fazer as inovações necessárias significa tornar a instituição obsoleta. Não ter visão de futuro é contribuir para a desorientação e a despersonalização da IES. Nossos gestores erram ao fazer "mais do mesmo". Por isso, acredito que este livro representa uma contribuição importante para que esses erros não se repitam.

No Brasil, há um cenário propício à ruptura de paradigmas, de mudança de DNA. Há gestores bem formados, ousados e empreendedores. Assim sendo, encerro este artigo com um desafio: que os gestores das IES, ao lerem este livro, proponham discussões intensas em suas instituições. Algumas perguntas precisam ser respondidas: Qual o nosso DNA? É preciso promover rupturas? Estamos vivenciando um círculo virtuoso? Se não estivermos, como poderemos criá-lo?

CAPÍTULO 2

BYU, EUA: UMA ESTRATÉGIA EDUCACIONAL DE MUDANÇA

Fenton L. Broadhead

Nos últimos anos, as instituições de ensino superior dos EUA têm enfrentado alguns desafios importantes em três áreas específicas, e tenho certeza de que esses desafios são os mesmos no Brasil:
1. qualidade;
2. quantidade;
3. preço ou custo da educação.

Com relação à qualidade, nos EUA temos alunos graduados que, após sua formatura, não estão preparados para o mercado de trabalho. Eles frequentaram uma instituição de ensino superior por quatro anos, sem que nós agregássemos valor nenhum a eles, que saíram de lá formados em áreas nas quais talvez não tenham muitas possibilidades.

Temos também uma quantidade crescente de jovens que gostariam de estudar nas nossas instituições. Há uma enorme concorrência entre as boas instituições de ensino superior norte-americanas. A meta do país é que por volta do ano 2020 cerca de 65% da população jovem terá conseguido se formar no ensino superior.

Quanto ao custo da educação, o acesso à universidade nos EUA depende do orçamento familiar do aluno. Caso os pais não tenham os recursos necessários, o aluno poderá receber algum tipo de ajuda da universidade ou conseguir um empréstimo. Os empréstimos governamentais são subsidiados pelo próprio governo, mas, atualmente, o aluno que consegue esse financiamento termina o curso devendo, em média, US$ 26 mil. É muito dinheiro, especialmente considerando que, quando se formar, o aluno talvez não tenha tido uma boa graduação, não consiga encontrar emprego e ainda terá essa dívida de aproximadamente 26 mil dólares para pagar.

Creio que precisamos fazer as coisas de modo diferente se quisermos que os resultados sejam diferentes.

A propósito disso, há uma consideração interessante do coautor do livro *Macrowikinomics*, Don Tapscott, um estudioso dos impactos estratégicos da tecnologia de informação no mundo corporativo, que é professor de Administração na Universidade de Toronto, no Canadá. Ele escreveu: "Se alguém que viveu 100 anos atrás voltar milagrosamente à nossa época e encontrar um engenheiro projetando uma ponte, ele constatará o quanto a tecnologia mudou. Mas, se essa mesma pessoa entrar na sala de aula de uma universidade, ela achará aquele ambiente absolutamente familiar".

Uma das acusações que podem ser feitas à educação em todo o mundo é que ainda estamos fazendo a mesma coisa de 100 anos atrás. No entanto, não vemos construírem prédios hoje como há 100 anos, nem mesmo como há 30 ou 40 anos. Assim, considerando esse quadro da educação, como podemos promover as mudanças que nos ajudarão a avançar?

Nossa universidade, a Brigham Young University, foi fundada em 1888. É uma instituição privada, patrocinada pela Igreja Mórmon. Se fôssemos seguir como antes, teríamos que aceitar todos os alunos que quisessem fazer parte da nossa universidade. Até o ano 2000, a BYU oferecia alguns cursos técnicos e tínhamos menos de 9 mil alunos. Em 2001, decidimos voltar a oferecer cursos de bacharelado e crescemos em grande escala.

Hoje, temos 27 mil alunos, mais de 500 professores e uma ampla grade de programas. Isso porque fomos capazes de experimentar e de provocar mudanças.

Nosso presidente, em 2001, era um antigo professor da Universidade de Arkansas e também consultor da rede Walmart e de outras grandes corporações dos EUA. Ao começar as mudanças, a primeira coisa que fez foi distribuir a todos um exemplar de *Quem mexeu no meu queijo?* (*Who Moved my Cheese?*, no original), livro motivacional do psicólogo Spencer Johnson. Trata-se de um livro interessante. É exatamente com base nele que temos promovido mudanças nesses últimos 12 anos.

Nosso atual presidente, Kim Clark, que já está na BYU há quase oito anos, foi reitor da Harvard Business School por uma década. Observo que trocar Boston por Idaho é uma mudança interessante. Uma das primeiras coisas que o presidente Clark nos ajudou a mudar foi a enfrentar os três desafios a que me referi anteriormente.

O primeiro foi como melhorar a nossa qualidade, mas vou abordar esse assunto de forma mais extensa no final deste artigo. O segundo foi como lidar com o crescente número de jovens que querem entrar na nossa universidade, e o terceiro foi como controlar o custo da educação.

Para lidar com o volume de alunos, decidimos fazer três semestres por ano: um começa em janeiro, outro em abril e outro em setembro e os alunos podem vir em dois desses três semestres. Dessa forma, conseguimos receber mais alunos, que podem se formar mais rapidamente. É um curso anual com um número menor de semestres e que maximiza o uso de nossas dependências.

Também fizemos estudos para saber como as nossas salas estavam sendo usadas e quantas estavam cheias. De acordo com o potencial de cada uma, passamos a usá-las apropriadamente, não desperdiçando com grupos pequenos ou maldistribuídos. Procuramos utilizá-las durante o dia todo, até à noite. Não temos classes muito amplas: a média de nossas turmas é de 32 alunos e tentamos evitar turmas muito grandes.

Em relação ao custo da educação, fizemos algumas coisas interessantes a fim de controlar nossos preços. Para formar nosso quadro acadêmico, seguíamos a tradição: professores em tempo integral, assistentes e assim por diante. Decidimos não ir por esse lado. Criamos um tipo de relacionamento similar entre os docentes, a fim de que todos possam ter a mesma carga horária, que é bem diferente. É outro cenário. E começamos a oferecer aulas *online*.

Essas foram nossas primeiras tentativas para promover as mudanças e focar nos desafios que a educação está enfrentando nos EUA – e também no Brasil –, onde as universidades não podem mais existir da forma como sempre foram e onde temos que fazer as coisas melhorarem. Mas como nos situamos em relação às mudanças no DNA institucional?

Duas palavras são básicas nesse contexto: cultura e clima. Ao falarmos em mudança no DNA institucional, a cultura da universidade torna-se algo muito importante. Temos um corpo docente que tem uma visão muito forte sobre o que gostariam que acontecesse na educação. Queremos que todos os nossos jovens tenham acesso à educação. Portanto, essa visão realmente tem que ser muito forte.

Temos também que saber para onde estamos indo, o que requer uma grande noção de sentido para trazer as pessoas conosco. E aqui chegamos à nossa segunda palavra: clima. Na BYU, gastamos muito tempo com comunicação. Temos discussões acadêmicas em que somos capazes de fazer todos falarem sobre um mesmo assunto e isso ocorre mensalmente.

Recordo-me de quando estávamos reformando a biblioteca. Os rumores eram de que iríamos eliminar alguns dos nossos livros, e os professores de Inglês e de Literatura ficaram um tanto quanto ansiosos. Iniciamos uma discussão, que virou tema das reuniões mensais, apenas para lidar com as preocupações dos professores e alunos.

Portanto, ao menos uma vez ao mês, temos um encontro com os alunos e outro com o corpo docente cujo pauta é constituída por perguntas e respostas. Temos discussões acadêmicas sobre certos tópicos e também aprendemos muito com o que chamamos de conselhos e comitês. Em um comitê geralmente as pessoas decidem por meio de votação. A maioria que vence no processo decisório estabelece as regras e a direção da universidade. O conselho tem o líder, que incorpora as contribuições e toma as decisões apoiadas pelos membros do conselho. Isso é algo diferente, que tentamos fazer bem.

Não posso deixar de enfatizar a importância da cultura e do clima no momento em que começamos a fazer mudanças. É importante lembrar que podemos fazer mudanças, mas, se não mudarmos a nossa cultura e o nosso clima, essas mudanças não permanecerão.

Eu comparo nossa missão com a das ONGs, as organizações não governamentais, grupos que estão por toda a parte do mundo tentando ajudar as pessoas. Passei um tempo trabalhado com uma ONG em Moçambique, na África. Lá, descobri que, se as pessoas não tivessem a mesma visão e não a compreendessem, assim que o pessoal da ONG deixasse a região, o povo local voltaria para a mesma situação em que estava antes.

Para promover mudanças e desenvolver uma estratégia, as instituições precisam começar a se olhar e saber quem elas são, a quem estão atendendo, como são seus alunos, por que estão fazendo o que fazem, quais são os ganhos, e então decidir o que vão fazer. Vamos melhorar a qualidade? Vamos atender melhor aos alunos? Vamos controlar os gastos?

Oferecemos educação. Portanto, através da educação temos que criar um estilo de vida melhor, deixar as comunidades mais seguras, elevar o padrão de vida. Outras questões são: como vamos fazer que isso aconteça? quando? e qual é a expectativa?

Precisamos entender que sempre estaremos mudando. Talvez isso não seja muito empolgante para o corpo docente, ou mesmo para alguns gestores, mas, para trabalhar com educação, temos que continuar a procurar coisas que irão nos ajudar a ser melhores. O processo é dinâmico, não é estático. É muito importante que tenhamos isso em mente.

Em relação à qualidade, existem oito práticas que compõem o nosso imperativo nesse assunto. Práticas de alto impacto permitem uma nova dinâmica e melhoria contínua.

A primeira prática é a construção do modelo de aprendizagem, que fizemos de maneira muito interessante. Juntamos nosso corpo docente, formado por mais de 500 pessoas, não de forma obrigatória, mas sim opcional, e passamos o dia discutindo aprendizagem e ensino, divididos em grupos.

Logo, todos tinham uma perspectiva diferente e o resultado foi que chegamos a mais de 200 ideias. A partir daí, criamos um Conselho com 15 membros. Um dos vice-presidentes sociais liderou o grupo e começamos a estreitar as opções, o que resultou em cinco princípios e três passos.

O modelo de aprendizagem que foi criado tem como fundamento: princípio, processo e resultado e a exigência do aprender a aprender. Os alunos irão para o mercado de trabalho, onde terão que aprender para o resto de suas vidas. Se eles pensam que quando forem trabalhar tudo será sempre a mesma coisa, estão enganados. Para ter produtividade, eles terão que aprender continuamente.

O modelo provê também um ensino centrado no aluno, no qual misturamos o aluno com o professor. Sabemos que muitos professores preferem simplesmente se colocar na frente dos alunos e dar um seminário. É quase um monólogo todos os dias. Não queremos isso Queremos estar centrados em aprendizagem, os alunos têm que aprender a aprender.

O modelo básico do ensino que queremos é o que engaja o aluno no trabalho de aprendizagem; que inclui instruções explícitas e incentiva o aluno a refletir sobre o que ele está aprendendo e como está aprendendo. Queremos motivar o aluno, dando-lhe algum controle sobre o processo de aprendizagem e, finalmente, incentivar a colaboração e ver a sala de aula (*online* ou presencial) como uma comunidade de aprendizes.

Isso é chamado de "centralização da aprendizagem". Uma boa referência para esse modelo é o livro *Learner-Centered Teaching: Five Key Changes to Practice* ["Ensino centrado no aprendiz: cinco mudanças-chave para a prática"], de Maryellen Weimer, que fez um ótimo trabalho nos EUA sobre como posicionar o aluno para o processo de aprendizagem.

O que estamos tentando fazer é que haja um clima para aprender. Quando um professor entra na sala com uma perspectiva de ensinamento, já criou um clima a fim de que haja aprendizagem. É o que fizemos em nosso processo, que é muito importante e muito simples. Qualquer pessoa com qualquer metodologia pode fazer isso.

Primeiro, tem que ser um investimento: o aluno tem que vir assistir à aula preparado, e é o professor que precisa criar essa cultura. Se o aluno tem algo para fazer *online* ou para ler, o professor tem que ajudá-lo a fazer tal coisa.

Segundo, é preciso ensinar a aprender uns com os outros: se os alunos não estiverem preparados, não conseguirão aprender uns com os outros, e isso é o fim da discussão.

Por último, é preciso fortalecer o processo de formação do nosso corpo docente. Eles podem ir além e usar coisas diferentes. É possível experimentar e utilizar tipos de atividades pedagógicas diferentes, mas isso é um processo. Portanto, criamos o clima de processo, em que os docentes experimentam, tendo sempre como foco o aprender a aprender e a aprendizagem.

Nos EUA, é necessário que os alunos façam os créditos obrigatórios para terminar a graduação. Na BYU, temos 250 créditos/matérias que são exigidos para o aluno obter a graduação. Os primeiros 40 são sobre educação geral. Criamos alguns cursos interdisciplinares. Por exemplo, combinamos engenharia e administração em um mesmo curso, ou história, ciências políticas e economia em outro. Temos os mesmos professores dividindo-se nesses cursos – e essa foi também um modo de fazer com que nosso corpo docente pudesse colaborar. Assim, em ciências, talvez tenhamos professores que sejam de química, de biologia, todos trabalhando juntos, no mesmo curso. Acreditamos que isso seja muito importante.

São muito importantes os modelos de ensino que utilizamos, pois nos permitem prover educação para mais alunos e controlar os custos. Eles envolvem os modelos presencial, *online*, híbrido e baseado em competências de ensino. Não importa o modelo de instrução escolhido, nem que alguém faça o nosso curso *online* no Brasil ou na Rússia, ou que faça o nosso curso presencial nos EUA – queremos que o resultado final seja o mesmo. Isso tudo é relativamente novo, e esperamos muito desses quatro modelos.

O modelo de ensino híbrido não é realmente novo. Bons professores sempre fizeram algo parecido com isso. Agora, porém, temos novas tecnologias que permitem fazer ainda mais. No modelo baseado em competências, é possível ter tudo isso dentro da sala de aula. Ele facilita a demonstração acelerada das capacidades do aluno e da proficiência em atender os resultados do curso.

Temos trabalhado com alguns desses modelos, como os *MOOCs* – Massive Open Online Course, isto é, cursos abertos e massivos ministrados *online* – e a Academia.com. Alinhamos os resultados e as tarefas desse modelo com os nossos cursos. E temos também o Coursera e outros que seguem a mesma linha. Com essas ferramentas, podemos ensinar alunos no mundo inteiro e, ao mesmo tempo, controlar melhor os nossos custos.

Acredito fielmente que experiência e competência são a resposta. Portanto, continuaremos a reforçar o modelo baseado em competências, e eu fico empolgado em pensar até onde podemos chegar com esses modelos de ensino.

Devido ao processo de crédito nos EUA, agora é exigida de todas as universidades a comprovação dos resultados, e estamos tentando aproveitar para obter o melhor efeito dessa avaliação. Você escolhe um curso e tem que estabelecer os resultados esperados para ele. Estamos tentando mapear e garantir o sucesso. Você tem que ser avaliado no que diz respeito ao que está fazendo e que realmente seja relevante.

O que é mais relevante é o resultado para os nossos alunos quando saem da instituição. Estou convencido de que temos a enorme responsabilidade de garantir que nossos alunos alcancem seus objetivos. Para o aluno, tem que ter valido a pena pelo tempo e pelo dinheiro investidos.

Isso nos leva aos aspectos de preparação e suporte do aluno, que envolvem uma completa estratégia educacional. Dentro dessa estratégia, que deve contemplar todo o ciclo de vida do estudante na BYU, estamos investindo pesadamente no desenvolvimento de um *software* que chamamos de EPS.

Todos sabem o que é um GPS; em português, sistema de posicionamento global. Começou com uma viagem minha. Eu estava visitando algumas empresas em Indiana, na parte Leste dos EUA, quando chegou a noite e decidi usar meu GPS. Nesse momento, me ocorreu: "Se posso encontrar um lugar determinado nos EUA com um GPS, por que não usar essa tecnologia e guiar os alunos por uma experiência educacional?" Foi daí que criamos a sigla EPS, nosso sistema de posicionamento educacional.

Estamos investindo muito nisso. Contratamos uma empresa especializada e nos próximos anos estaremos desenvolvendo o EPS, uma ferramenta que irá estabelecer uma estratégia educacional para o aluno desde o inicio da faculdade, abrangendo seus planos, seus tutores, a ajuda dos mentores e até indicações de como encontrar um estágio ou um emprego. Chamamos isso de Ciclo de Vida do Estudante – um EPS.

Estaremos ensinando 50 mil alunos no mundo todo. Podemos fazer isso com o modelo velho que utilizamos, que era

- QUEM
- POR QUÊ
- O QUÊ
- COMO
- QUANDO

DEFINIÇÃO / AVALIAÇÃO
- Sistemas existentes
- Renda
- Nível de ensino

VISÃO
- Bons cidadãos – Valores e caráter
- Qualidade – Perspectiva de vida
- Centrada na pessoa – Desenvolvimento econômico
    - Capital humano
        - Desenvolvimento regional & nacional

IMPERATIVOS
- Melhorar a qualidade
- Servir mais aos alunos
- Custos mais baixos

PLANO
- Resultados
- Execução
- Avaliação
- Análise
- Acompanhamento

- Curto prazo
- Longo prazo

- Informações
- História
- Dados

- Sucesso / Fracasso
- Estratégia atual

- Bem-estar
- Sucesso de carreira
- Engajamento social

- Relações pessoais
- Saúde & segurança
- Acesso financeiro

- Conhecimento
- Habilidades
- Saúde

- Valores
- Experiência

- Centrada no estudo
- Currículo

- Estudante
- Corpo docente

- Calendário
- Modos de instrução
- Pathway

- Aconselhamento
- Instalações

- Carga da faculdade
- Modos de instrução
- Recursos de aprendizagem

- Alinhamento de recursos
- Frugalidade

- Melhoria / Inovação
- Alto impacto / Foco
- Liderança
- Recursos / Ferramentas

- Tecnologia
- Estratégia educacional
- Avaliação / Análise

- Previsão / Projeções
- Plano plurianual

o de oferecer um conselheiro, um mentor? Não. Então, temos que usar a tecnologia. Assim, poderemos ajudar cada aluno a desenvolver uma estratégia educacional.

Outra ferramenta que utilizamos em preparação e suporte do aluno, especialmente os mais pobres ou menos preparados, é o que chamamos de Programa *Pathway*, que em português significa "Caminho". Focamos cerca de 140 países e 100 lugares nos EUA, de onde podemos levar os alunos para fazer o primeiro ano em nossa instituição e os ajudamos com matemática, habilidades pessoais e estudantis, leitura, redação. Promovemos encontros nesses lugares escolhidos, com o objetivo de ajudar esses alunos a se preparar.

Após o primeiro ano, eles estão mais preparados. E estamos muito empolgados com a oportunidade de ajudar esses jovens a ingressar no ensino superior. Não significa que ficarão na nossa instituição. Nós os ajudamos a aprender inglês, os qualificamos, provocamos algumas discussões sobre o que o futuro lhes reserva. Estamos ajudando essas pessoas a ter um começo.

O aprendizado experiencial também é muito importante para nós. Temos um programa no qual nosso corpo docente se envolve, que chamamos de "Pesquisa Orientada Estudantil". Tentamos envolver o aluno com pesquisas em empresas, fazendo estágios, que são muito importantes. Aproximadamente 75% dos nossos alunos estão no programa de estágio e devem fazê-lo antes da graduação. O estágio o ajuda a encontrar um trabalho, fornece uma experiência real de trabalho e o conecta a empresas muito boas, que oferecem boas oportunidades.

Portanto, nossa universidade está tentando formar uma cultura que ajuda os alunos e o corpo docente a cuidar de todas as práticas que ensinamos. Se uma instituição não liga para o aluno, não trabalha nas diversas maneiras de melhorar a forma como quer que o aluno aprenda, já perdeu a oportunidade. E as coisas mais difíceis de mudar são "o modo de pensar", a cultura. Nós sempre tivemos instituições bastante dedicadas ao que estamos fazendo. Mas querer que elas mudem é outra história.

Para isso, temos que confiar na nossa equipe e dar a seus membros a oportunidade de participar. Outra expressão que costumo empregar é "dar poder". Temos que arriscar. A ideia é fazer as pessoas entenderem que são parte de uma inovação, que a instituição realmente tem confiança neles e quer que participem, não só hierarquicamente, mas tomando decisões em conjunto, desenvolvendo juntos o que estamos planejando e executando.

Afinal, podemos falar em educar. Mas, a não ser que mudemos nosso modo de fazer certas coisas, jamais conseguiremos produzir um impacto efetivo para transformar tudo isso em realidade.

CAPÍTULO 3

O DESAFIO DE CRIAR UMA ESTRATÉGIA TRANSFORMACIONAL

Luiz Fabio Mesquiati

> A essência do processo de **mudança do DNA institucional** está na consciência de que, como gestores educacionais, **administramos sonhos** e temos como principal responsabilidade **a transformação desses sonhos em realidade**. Compromisso que pode, de fato, construir uma instituição com excelente reputação, algo fundamental no desenvolvimento de uma **instituição competitiva**, capaz de se posicionar na vanguarda das transformações.

O tema da mudança do DNA institucional é bem provocador. Pretendo fazer uma reflexão sobre os desafios enfrentados pelas instituições de ensino superior para melhor se posicionarem diante de um futuro que está para ser construído. Alguns temas têm dominado as discussões na Europa sobre o futuro da educação superior. Nesse quadro, merece nossa atenção uma consulta pública aberta pelo Observatório de Educação Superior do Reino Unido, que incluiu a realização de entrevistas e pesquisas com líderes de instituições, tendo por objetivo tentar entender como será a educação superior em 2020.

O primeiro tema dessa discussão são as demandas de transformações no setor, que passam por qualidade de ensino, práticas pedagógicas inovadoras e novos processos de avaliação.

Um segundo ponto é a questão da mobilidade internacional, já que é importante para as instituições europeias, norte-americanas, australianas e de outras partes do mundo – as instituições chinesas também estão avançando muito nisso – a possibilidade de atrair alunos, pesquisadores e profissionais de outros países que possam contribuir para seu desenvolvimento organizacional. Pessoas novas dentro da organização representam oportunidades de pensar ou de conhecer outras realidades e, de certa forma, ajudam a refletir sobre como fazemos educação e como podemos melhorar.

A educação transnacional também é uma questão muito atual. As instituições transnacionais mantêm *campi* no Oriente Médio, na Austrália, na China e em vários países, que vêm registrando aumento significativo no número de estudantes matriculados. Isso acabou se transformando em uma grande oportunidade de negócio. Não é simplesmente trazer o aluno de outra região do globo para a instituição, pois pode ser mais simples levar até aquele aluno que não pode sair do seu país, uma educação superior de qualidade e diferenciada. O governo britânico publicou recentemente, inclusive, uma análise que apresenta o valor dessa educação transnacional para o país, que é expressivo.

Outra questão diz respeito à tecnologia e ao fenômeno do *MOOC – Massive Open Online Course* ou, literalmente, curso *online* aberto e massivo. Eu mesmo tive a oportunidade de acompanhar um curso desses e foi interessantíssimo conhecer a dinâmica, a forma como estruturam esse ensino. O conteúdo está disponível *online*, o professor interage com os alunos e estes participam através de blogues e discussões, de maneira contínua. Cria-se com essa ferramenta uma base de conhecimento notável sobre o que acontece em torno daquele tema – e isso em um curso com 10 mil pessoas de diferentes partes do mundo. O conhecimento acumulado naquela plataforma, que está disponível para qualquer pessoa, é extraordinário. É só saber aproveitar, filtrar, tentar aplicar essa modalidade de ensino para as nossas instituições, pois certamente é algo que no curto e no médio prazos vai transformar a maneira como educamos.

Outro ponto diz respeito às alianças estratégicas: as parcerias e redes de colaboração. Não é preciso dizer que não trabalhamos sozinhos, somos todos partes de um sistema maior. E a colaboração que estabelecemos com outras instituições similares para criar uma determinada sinergia é importantíssima para o futuro da nossa organização. Há uma preocupação muito forte com isso, assim como também com a questão da liderança e da gestão. Como estruturar a liderança e a gestão nessas instituições com o olhar posto no futuro?

No Reino Unido, só a título de curiosidade, os gestores das instituições não precisam vir da carreira acadêmica. São selecionados por meio de processos públicos e, para participar dessa concorrência, podem se inscrever gestores de outras áreas e de qualquer parte do mundo. O processo é, de fato, baseado no mérito, e britânicos estão em busca dos melhores gestores. É um sistema aberto, que, mesmo sendo predominantemente público, é, ao mesmo tempo, pago. As pessoas precisam pagar para estudar. E uma coisa que se observa em diversos países. Os governos atualmente não conseguem mais dar conta de financiar sozinhos o sistema de educação superior. Cada vez mais, o papel do setor privado no processo de financiamento tende a crescer.

Em viagem à África, li no jornal *The Star*, da África do Sul, que há falta de 1 milhão de vagas nas universidades. Isso significa que 1 milhão de alunos que poderiam estar ingressando na educação superior não o fazem porque não conseguem vaga. A demanda é bem maior do que a oferta real e, ao mesmo tempo, observamos que os governos não têm condições de bancar integralmente as universidades. Atualmente, o dinheiro que chega dos governos para uma universidade britânica é menos de

40% do seu custo, significando que os demais recursos necessários têm de vir de taxas escolares, de consultorias, programas de transferência de tecnologia etc.

A liberalização do comércio é outro tema em que a discussão é bastante forte na Europa e no Reino Unido. O foco desse debate está em como lidar com um setor privado que tem papel importante e que tende a crescer. Mas como isso irá acontecer no Brasil? Sabemos da importância do trabalho das instituições privadas para que o país tenha uma sociedade mais educada e seja mais competitivo.

Há também a questão do financiamento dos alunos. É possível observar que, de certa forma, o modelo adotado no Reino Unido está gerando movimentos em outros países, como Espanha, Portugal, e mesmo Alemanha. A reflexão é se no Brasil não teríamos que caminhar para adaptar esse modelo para a nossa realidade, possibilitando que o Estado passe a se concentrar em outras prioridades, como educação básica, saúde e segurança de qualidade.

O fato de o sistema ser pago não significa que a pessoa que não tenha recursos, não possa participar do processo. Ao contrário. No Reino Unido, qualquer pessoa que ingressou numa universidade tem direito a pleitear recursos públicos para financiar seus estudos. O aluno pagará esse financiamento em 30 anos, com 9% do seu salário anual. Há um mecanismo estruturado para que o financiamento seja pago – segundo estudos do governo, de 20% a 30% do valor financiado não retorna para os cofres públicos.

Os *rankings* como institucionalização da competição constituem outro tema importante. Há uma discussão na Europa em torno da criação de um novo modelo de classificação, que incluiria itens não avaliados nos *rankings* tradicionais. A intenção seria estimular a competição entre instituições e entre países, de modo a fomentar o desenvolvimento do ensino. O governo da Rússia acabou de aprovar US$ 20 milhões para as cinco principais instituições universitárias do país – o objetivo, previamente definido, é que essas instituições terão que estar entre as 10 melhores do mundo.

Às vezes, observando o panorama, fica a sensação – e não especificamente no caso do Brasil, mas do mundo todo – de que vivemos uma síndrome da mesmice. Parece que estamos em inércia, tentando fazer as coisas como sempre fizemos. Às vezes, usamos um ou outro item diferente numa determinada ação, mas isso não torna aquela ação transformadora de fato.

Sugiro, por exemplo, que cada leitor pense na sua instituição e se pergunte: a que ponto ela está diferente do que era 15 ou 20 anos atrás? A liderança e a gestão têm tido impacto na transformação da organização? Os *stakeholders* estão satisfeitos com aquilo que tem sido feito? Os alunos sentem-se felizes ou se sentem enganados com o processo de ensino-aprendizagem da instituição? Essas são coisas em que temos que pensar, e isso requer um cuidado muito grande.

Será que é possível mudar o DNA da instituição? Isso é algo que podemos realmente fazer?

Quando falamos em mudança de DNA estamos nos referindo a um processo de mutação. Essa mutação tem, como em quase tudo, duas faces: a negativa e a positiva. A mutação que ocorre na sua instituição pode, por um lado, representar uma anomalia, uma aberração, que vai provocar determinado problema sério e, com isso, levá-la a perder competitividade. Por outro lado, a mutação pode ser resultado de um processo evolucionário. Portanto, precisamos descobrir como gerenciar o desenvolvimento de uma instituição, para que ela se fortaleça num contexto internacionalizado e globalizado. Em outras palavras, como construir organizações saudáveis.

O primeiro elemento desse processo seria o círculo virtuoso de desenvolvimento, com três pontos principais:

1. equilíbrio entre os meios (liderança e gestão) e os fins (educação);

2. equilíbrio de interesses dos *stakeholders*;
3. equilíbrio entre valores e princípios éticos.

Será que estamos conseguindo equilibrar tudo de maneira adequada? Educação é um fim. A partir do momento em que colocarmos a gestão como aspecto prioritário, corremos o risco de nos distanciar da missão institucional. Então, esse equilíbrio é fundamental para garantir desenvolvimento com qualidade. Se não houver equilíbrio entre os diferentes agentes, de todos os grupos que participam do dia a dia da instituição, não haverá comprometimento. Você pode até dizer que as coisas estão indo bem, que a instituição tem se desenvolvido muito, que aumentou o número de alunos e cresceu o faturamento etc. Mas, se você está conseguindo tudo isso sem esse equilíbrio, pode ter certeza de que é muito menos do que você poderia ter conseguido com uma organização mais ajustada e equilibrada.

Quanto aos valores e princípios éticos, isso é algo que oferece a base, o fundamento para tudo o que fazemos. Eles são essenciais para que as pessoas tenham confiança e sintam que podem participar e se envolver naquele processo, porque é um processo sério, que visa não só o desenvolvimento de um grupo, mas o desenvolvimento da organização e de um sistema como um todo.

A cultura da qualidade é um segundo elemento. A grande preocupação em todo o mundo é que, em alguns sistemas, o nivelamento é feito por baixo. Há uma cultura de baixa qualidade em tudo o que se faz. As pessoas se contentam com pouco e, em consequência, a instituição prossegue nivelando por baixo aquilo que faz, gerando um estado de entropia organizacional muito sério, que sem dúvida irá comprometer a competitividade. O controle de qualidade está garantido? Temos mecanismos para acompanhar e monitorar a qualidade?

O importante nesse processo é a atenção aos detalhes, é oferecer algo que o seu cliente não espera, superando suas expectativas. Para tanto, precisamos começar a olhar os detalhes no processo de aprendizagem, no trabalho que realizamos como educadores. Posso citar um exemplo na parte da estrutura física: as carteiras. Como um aluno consegue ficar quatro horas em uma carteira que é absolutamente desconfortável? Fisiologicamente, ele vai se cansar, vai perder a concentração, e aquela atividade vai perder o sentido para ele. Para quem acha que é difícil investir em salas confortáveis, argumento que pode ser difícil mudar tudo de um ano para o outro, mas não é impossível conseguir isso ao longo de alguns anos, desde que haja planejamento com esse objetivo.

Temos que começar a olhar a instituição. Desde a perspectiva pedagógica até as questões de infraestrutura física. Temos que descobrir como trabalhamos a questão dos detalhes que fazem a diferença e que mostram para os nossos *stakeholders* uma preocupação com a satisfação, com o bem-estar e com o futuro dos estudantes.

O terceiro elemento é a construção de uma organização de aprendizagem. Esse processo envolve educar quem educa, para que ele possa aprender a mudar e mudar para aprender. Na verdade, é importante que essa mudança venha primeiramente de dentro de cada um. Que possamos provocar uma mudança interior, antes de querermos trabalhar a mudança das nossas organizações. Aprender a aprender é o caminho para isso. Atualmente as nossas instituições são organizações de aprendizagem?

Falamos de ensino, de aprendizagem, de uma série de coisas, mas somos extremamente resistentes às mudanças. Recusamo-nos a aprender sobre o mundo novo que está à nossa volta e a enxergar o desafio que ele traz para as nossas instituições.

Para construirmos organizações de aprendizagem, é importante entender que precisamos rever o papel do professor e da sala de aula. Tornou-se estratégico para uma instituição ter capacidade de criar processos inovadores de ensino-aprendizagem, que promovam o desenvolvimento de habilidades, competências e conhecimento mediados pela tecnologia.

Atualmente, se o aluno tem uma dúvida sobre determinado tema, ele simplesmente vai à internet e encontra a discussão sobre o tema desejado. Ele aprende de maneira muito mais dinâmica, não precisa de alguém que fique transmitindo uma série de conteúdos – ele precisa de alguém que possa provocar uma reflexão sobre aqueles temas relevantes, alguém que o ajude não só a desenvolver suas perguntas, mas também as respostas em torno daquele assunto.

Dentro do processo de mudança, há três tipos de estratégia:
1. a evolucionária;
2. a revolucionária;
3. a de desenvolvimento sistêmico.

Elas não ocorrem isoladamente. Toda organização passa por elas em diferentes momentos. A estratégia evolucionária, que é o desenvolvimento natural – normalmente reativo –, diz respeito aos ajustes estratégicos, às alterações e mudanças no ambiente. A estratégia revolucionária, que também é predominantemente reativa, normalmente ocorre em momentos de grande crise, em que é preciso fazer uma reengenharia na instituição e torna-se necessário adotar uma estratégia mais forte. Só que, ao mesmo tempo, ela é uma estratégia que deixa sequelas na organização.

Finalmente, temos o desenvolvimento sistêmico, também chamada de "mudança transformacional", que nos permite fazer diferente, fazendo a diferença. Ela é substancialmente uma estratégia mais proativa, que representa a mudança na essência daquilo que se faz na organização e nos permite criar um processo de desenvolvimento da estrutura, fazer a construção coletiva de uma organização diferente, com um olhar consistente sobre o futuro.

Estudiosos do assunto consideram que a mudança transformacional é não somente uma nova estratégia, mas uma transformação do modelo de negócio que leve a novos produtos, serviços e clientes. Ela requer novas competências e habilidades, que estão associadas a mudanças fundamentais na estratégia, no desenho organizacional e nos processos. Acredito que essa estratégia é a que efetivamente vai levar a organização a dar saltos de qualidade, a melhorar sua competitividade e a realizar o potencial que toda organização tem. Quando nós trabalhamos o potencial que possuímos para sair da inércia, para mudar o jeito como fazemos as coisas, para sair do senso comum, nós damos o salto para nos destacar e ser mais competitivos.

Um elemento-chave nesse processo é a construção da reputação da organização. Todos nós gostamos de ser importantes, e queremos que as pessoas reconheçam nossa organização e falem que a instituição é séria e comprometida com a construção de um mundo melhor. A reputação é essencial. A instituição que não tem reputação poderá entrar em crise. Ela viverá em um mundo extremamente limitado, achando que é uma coisa e, na verdade, sendo outra. A reputação é tudo para o desenvolvimento da instituição.

Isso passa por construirmos processos criativos dentro da organização e desenvolvermos uma organização mais resiliente, capaz de suportar crises. Uma organização competitiva é aquela que passa pelas crises sem ser tão afetada. Ao contrário, nos momentos de crise, ela consegue dar saltos maiores, porque está preparada. Ela é capaz de inovar, tem atratividade, e as pessoas querem ver o que acontece lá, querem participar dos seus cursos e das suas atividades acadêmicas. Essa organização é relevante para o seu contexto.

Nesse processo, liderança e gestão são fundamentais. Em uma conversa que tive em Londres com dez reitores das principais universidades, eles expressaram aquilo que consideravam importante para a liderança e a gestão de uma instituição em um contexto de transformação. Mencionaram que um líder tem que ser inspirador, tem que provocar as pessoas a mudar suas perspectivas, tem que ser capaz de definir estratégias de transformação e implementá-las. Ele tem que motivar sua equipe a se manter comprometida e dedicada. Além disso, tem que ser responsável por um bem estruturado processo de melhoria contínua, utilizando as inúmeras técnicas e ferramentas de gestão de qualidade existentes.

É essencial ter uma comunicação eficiente e eficaz com seu grupo. A ideia básica é que, quando a organização está indo bem, isso é sinal de que a equipe é boa e esse é um resultado de equipe. Mas, quando a organização não está indo muito bem, o principal é o desempenho do líder, do gestor, que tem que estruturar e preparar a organização para que ela seja capaz de enfrentar os desafios.

Naquela roda de conversação com os reitores, entre os principais desafios relacionados à transformação efetiva do sistema organizacional, o que foi destacado por quase todos era o poder de emulação do líder, isto é, a capacidade de conseguir motivar as pessoas para que superassem a resistência à mudança e de trazer os *stakeholders* em geral para dentro do processo decisório. Eles colocavam isso como o grande desafio, porque, na visão deles, os sistemas organizacionais na educação superior são extremamente fragmentados, são sistemas políticos ultrapassados, arcaicos, que acabam não gerando comprometimento com a mudança e a transformação. Se pensarmos em termos de motivação e inspiração, a solução passa por conseguirmos ter as pessoas ao nosso lado, como partes do processo.

Um pensamento que está no túmulo de um bispo anglicano na Abadia de Westminster, em Londres, me parece inspirador em relação a tudo que abordei aqui:

> "Quando eu era jovem e livre em minha imaginação não tinha limites, eu sonhava em mudar o mundo. Ao amadurecer, descobri que o mundo não mudaria. Restringi então minhas ambições e decidi mudar apenas meu país, mas ele também parecia imutável. No ocaso de meus anos, numa última e desesperada tentativa,

resignei-me a mudar apenas minha família, aqueles próximos de mim, mas infelizmente eles não quiseram saber. Agora, no meu leito de morte, percebo: se houvesse começado por mudar a mim mesmo, talvez pelo meu exemplo poderia ter melhorado minha família. Com a sua inspiração e incentivo, eu poderia ter melhorado meu país e, quem sabe, talvez até transformado o mundo".

Para criar a perspectiva de estratégia transformacional, é importantíssimo que a mudança venha primeiramente de dentro de nós, que repensemos a nossa vida e as nossas atitudes, que repensemos como lideramos o nosso grupo, para que aí, sim, possamos implementar as mudanças que queremos, em busca de uma instituição mais competitiva. Se quisermos conseguir alguma coisa que nunca tivemos, precisamos fazer algo que nunca fizemos. Espero que isso sirva de reflexão sobre o que fizemos até agora e sobre como podemos construir um processo diferente daqui em diante.

CAPÍTULO 4

FERRAMENTAS DE INOVAÇÃO EDUCACIONAL

Anna Penido

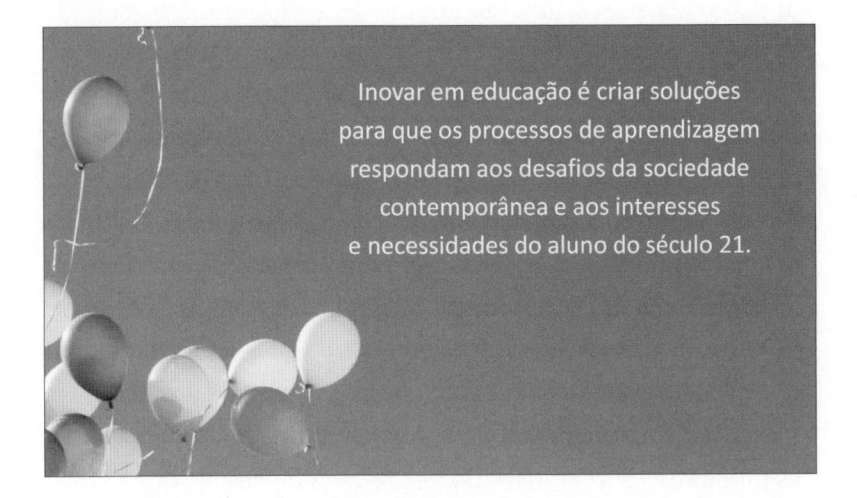

> Inovar em educação é criar soluções para que os processos de aprendizagem respondam aos desafios da sociedade contemporânea e aos interesses e necessidades do aluno do século 21.

Não venho do mundo acadêmico. Sou uma jornalista e empreendedora que trabalha há muito tempo na área social. Mas educação é um tema que me interessa muito, e foi assim que acabei dirigindo o Instituto Inspirare, uma organização familiar em busca de inspirar inovações que melhorem a educação brasileira.

Nossa concepção de educação compreende diferentes espaços e atores que promovem processos de ensino-aprendizagem, entre eles escolas, universidades, empresas, organizações sociais e governos. Esse é o campo de investigação da nossa equipe, que mapeia práticas, ferramentas, pesquisas e pessoas relacionadas ao universo da inovação e da educação no Brasil e no mundo, com a colaboração de uma rede internacional de voluntários.

Um dos nossos programas é o Porvir, uma iniciativa que promove a produção, a difusão e a troca de conteúdos sobre inovações educacionais. Seu propósito é inspirar políticas, programas e investimentos que melhorem a qualidade da educação no Brasil. A partir do mapeamento do Porvir, reunimos tendências que estão se configurando como irrevogáveis na educação global.

Uma leitura da educação através do tempo mostra que, até o século 19, tínhamos uma sociedade eminentemente rural e uma escola marcadamente artesanal, de classes multisseriadas, com uma professora que era mais uma educadora informal. No século 20, quando o acesso às salas de aula foi democratizado, passamos a ter uma educação industrial. Inclusive do ponto de vista físico, pois, arquitetonicamente, havia similaridade entre o que era uma linha de produção industrial daquela época e o que foi se configurando nesse período como uma sala de aula.

Atualmente, temos uma realidade bastante diferente no ambiente de trabalho. As paredes vão se quebrando, as pessoas vão se misturando em processos criativos e trabalhando de acordo com *designs* das mais diferentes formas. Isso se reflete também nos processos educacionais das instituições de ensino, que começam a romper os muros das salas de aula para que ela se conecte com a vida e com o mundo.

Algumas pesquisas sobre o que os jovens esperam da educação mostram muito claramente suas expectativas em relação ao processo que envolve a formação dos novos profissionais. Esses levantamentos apontam também as tendências e as ferramentas mais inovadoras, capazes de fazer com que isso aconteça.

Um deles foi realizado pelo New Media Consortium (NMC), iniciativa internacional sem fins lucrativos que reúne mais de 250 faculdades, universidades, museus, empresas e outras organizações voltadas para a exploração e o uso de novas mídias e tecnologias no processo educacional. Nessa pesquisa, procura entender as grandes tendências para a universidade do futuro, revela, por exemplo, que uma expectativa importantíssima é o ensino flexível, feito sob medida para atender o interesse e o projeto de vida de cada um. Ninguém mais quer ensino de massa. Na verdade, o mundo de massa está acabando.

Já temos mídia segmentada e comércio segmentado. A educação também terá que ser cada vez mais segmentada para responder às demandas diversificadas. Trata-se de uma tendência mundial. Por outro lado, ninguém mais aprende só com o professor, mas com todo mundo: o colega, com quem está na rua; as empresas, que vêm para dentro da universidade; a internet, na qual troca informação e conhecimento com parceiros virtuais, e assim por diante.

Além de flexível, a educação de hoje também tem que ser criativa e empreendedora. Segundo uma pesquisa da Cia de Talentos, consultoria especializada em recrutamento e seleção de estagiários e *trainees*, a empresa dos sonhos dos jovens brasileiros é aquela em que é possível exercer criatividade e inovação. De acordo com esse levantamento, 23% dos jovens entrevistados preferem organizações em que há espaço para criação e inovação. E 50% desses jovens querem empreender; sonham com sua própria empresa.

A propósito, convém lembrar que as pessoas precisam ser empreendedoras não apenas se forem abrir um negócio próprio, mas também em outras atividades – se não em todas. O empreendedorismo é necessário, por exemplo, para líderes de departamentos de uma empresa e até mesmo para um simples pesquisador, pois este precisa captar recursos e empreender o projeto de pesquisa.

Os jovens querem uma educação que os ajude a construir um mundo melhor, conforme constatou o projeto "Sonho brasileiro", da Box 1824, empresa global de pesquisa focada em mapeamento de tendências comportamentais e de consumo. Com o objetivo de "ouvir a primeira geração global de brasileiros para entender seus valores", a enquete constatou que um em cada dois jovens brasileiros já faz alguma coisa para transformar o mundo. São indivíduos que trabalham com causas coletivas, conciliando a militância com a vida no mundo corporativo.

Os jovens também querem uma educação que extrapole os muros da escola. Não querem aprender apenas na sala de aula, mas no mundo lá fora e no mundo virtual. Querem uma educação que os ajude a se realizar e ser felizes. Assinada pela Conecta Brasil, consultoria cultural dedicada à disseminação da brasilidade, uma pesquisa de 2013, diz que quase 50% dos jovens têm como maior medo o de não conseguir realizar seus objetivos. Eles querem ter ferramentas para concretizar seu projeto de vida.

Assim, na atualidade, a educação tem que ser permeada pela tecnologia. Em toda a América Latina, os jovens passam em média sete horas por dia conectados. Mas a escola quer que eles se desconectem quando entram na sala de aula. Desconectar-se da tecnologia ao adentrar a sala de aula significa, para esses jovens, desconectar-se do mundo. Um depoimento que coletamos de um aluno é significativo: a sala de aula atrasa a vida dele. Na verdade, ela atrasa o século 21.

Uma coisa que toda instituição acadêmica deveria fazer é perguntar aos alunos se eles acham que o ensino os está preparando para o mundo do trabalho. Em 75% das instituições de ensino superior, a resposta é "sim", enquanto somente 42% das empresas dizem receber dessas instituições alunos preparados e apenas 45% dos alunos se consideram efetivamente prontos para enfrentar os desafios dos ambientes profissionais. Há, portanto, uma desconexão entre essas percepções – uma desconexão que precisa ser resolvida.

Existem algumas tendências e ferramentas identificadas pelo Instituto Inspirare que podem responder a essas demandas por inovação que os próprios alunos, o mercado de trabalho e a sociedade contemporânea estão nos apresentando, e ajudar a reduzir a desconexão atual entre esses mundos.

Uma dessas ferramentas são os *MOOCs*, cursos *online* abertos e massivos, que as grandes universidades do mundo estão promovendo gratuitamente, com os melhores professores, e que estão levando o conhecimento a se democratizar. Um jovem da Mongólia está neste momento fazendo, sem sair de casa, um curso do MIT – o seletivo Massachusetts Institute of Techology, que já produziu 52 laureados com o Prêmio Nobel. Com isso, talentos que estavam encubados, porque não tinham oportunidade de se lapidar, estão conseguindo isso, e jovens que já estão nas universidades passam a ter uma oportunidade de complementar sua formação, recebendo acesso a aulas dos melhores professores do mundo.

Muitas universidades nos Estados Unidos e em todo o mundo já estão usando esses *MOOCs* dentro de sala de aula para complementar as aulas presenciais que oferecem a seus alunos. Ferramentas como o EdX, o Coursera, entre outras, são exemplos daquilo que as IES podem usar para complementar a formação de seus alunos.

Outra tendência é a da personalização. Como considerar o fato de que cada aluno tem seu jeito de aprender, seu ritmo, sua personalidade? Alguns aprendem melhor assistindo à aula; outros, fazendo exercícios. Como criar um ambiente dentro da sala de aula, por mais numerosa que seja, para atender as especificidades de cada aluno?

A tecnologia tem uma resposta para essa demanda, capaz de efetivamente permitir que cada aluno possa ter acesso aos conteúdos, aos estímulos educacionais de que precisa para realizar seu projeto de formação. Trata-se do ensino adaptativo, que é um dos grandes aliados dessa tendência de personalização.

Existem hoje plataformas em que cada aluno tem a sua página, quase como uma página do *Facebook*, na qual ele faz exercícios. Esses exercícios vão apontando deficiências na sua formação, e a própria plataforma, através de um sistema de algoritmo, vai encaminhando o aluno para uma *prelist* de objetos digitais que podem ajudá-lo. Se um aluno está com dificuldade em cálculo, os exercícios na plataforma detectam isso e o encaminham para uma videoaula, ou para um *game*, ou para um aplicativo em que ele vai superar essa deficiência, mesmo que a turma em que ele está presencialmente já tenha avançado nesse conteúdo.

É quase como se todos os alunos pudessem ter um professor particular à disposição para caminhar do jeito adequado para eles. Alguns aprendem os conteúdos mais rapidamente; outros, mais lentamente. E isso inclusive permite aos que são muito talentosos, que têm uma inteligência um pouco mais elevada, seguir adiante mais rápido do que os outros e sem por isso prejudicar aqueles que avançam mais devagar. Atualmente, existem várias plataformas de ensino adaptativo no mundo. E elas estão chegando também à educação superior.

Outra inovação é usar o *big data* para fazer um acompanhamento sistemático do aluno. Trata-se de conjuntos de dados extremamente grandes, que, com base em ferramentas preparadas para lidar com volumes de informação, podem ser encontrados, analisados e aproveitados em tempo hábil. Ou seja, aquela prática de descobrir que o aluno tem uma dificuldade de aprendizagem quando já é tarde demais, quando ele já fez a prova ou o trabalho no final do semestre está superada. Essas plataformas de dados, com seus algoritmos, têm permitido que os professores e as instituições de ensino possam acompanhar o desempenho acadêmico de seus alunos em tempo real. O professor dá uma aula, o aluno faz o exercício e imediatamente já se sabe o que ele aprendeu e o que não aprendeu. Isso direciona o aluno para os recursos que ele precisa usar para superar suas dificuldades, mas direciona também o professor, que vai entendendo melhor o universo dos alunos e as demandas específicas de cada um. Isso é personalização em alta escala.

Há também o ensino híbrido, isto é, um *blend*, uma mistura entre o tecnológico e o presencial em sala de aula. A instituição traz um *MOOC*, uma videoaula, e permite que os alunos usem essas plataformas intercalando-as com atividades presenciais, em que o professor sai um pouco do papel de transmissor de conhecimento e vira um "problematizador". Muitos professores estão gravando suas aulas e colocando-as na Internet para que os alunos as assistam em casa e venham para a sala de aula para discutir com ele. Ou o professor oferta experiências para que o aluno coloque em prática e aplique o conteúdo, desenvolvendo coisas, realizando projetos. Essa é a ideia da "sala de aula invertida", ou *flipped classroom,* como ocorre na experiência do Trinity College. O aluno assiste à aula em casa e vem para a sala discutir, debater, problematizar.

Existem outras experiências, como a do engenheiro brasileiro Paulo Blikstein, especialista em tecnologia aplicada à educação que é professor da Universidade Stanford, na Califórnia, EUA. Ele instiga o aluno a ir para a sala de aula e produzir coisas, "pôr a mão na massa" e experimentar. Depois da experimentação, o discente problematiza, discute e só como terceira etapa assiste à aula para que os conceitos já aprendidos na prática sejam teorizados, sistematizados e incorporados.

É uma inversão completa daquilo a que estamos acostumados e, na verdade, responde às demandas dos alunos de hoje, que são muito mais ligados ao fazer, ao realizar, mas que também precisam da teoria para respaldar, aprofundar e dar consistência àquilo que aprendem na prática.

Outra inovação é a ideia do aprendizado baseado em projetos. Existem dois movimentos aos quais vale a pena ficarmos atentos: o *Makers Movement* e o *Fabrication Movement* (literalmente, Movimento dos Fazedores e Movimento da Fabricação respectivamente). Eles dizem respeito a baratear as ferramentas de confecção, como as impressoras 3D, e trazer para os laboratórios essas tecnologias de mídia mais acessíveis. Não são laboratórios só de observação, de pesquisa, mas especificamente de realização e de fabricação, de real experimentação.

O aprendizado baseado em projetos (ABPr) envolve desde a visão geral do que é um projeto até o planejamento de algo específico, após passar pela concepção de um projeto e sua avaliação, terminando com a orientação ou formalização do que foi aprendido. Envolvendo a construção de um projeto ou a resolução de um problema, o aprendizado envolve transdisciplinaridade e ação e decisão em equipe. Esta metodologia tem a perspectiva de trazer não só a demanda das empresas para dentro da universidade, para que esta busque respostas, mas também os problemas da comunidade, dos serviços públicos, da rua, do bairro, do meio ambiente. Trazer isso para a universidade, fomentar o trabalho coletivo entre os alunos, gerar soluções inovadoras para problemas comunitários, problemas da humanidade, é um caminho para a inovação.

Os *games* são outra importante ferramenta de inovação. Muita gente acha que *game* é coisa de criança e de adolescente. Não é mais. Os *games* invadiram também o universo adulto como uma ferramenta muito interessante, inclusive de simulação. Existem instituições de ensino superior que estão criando *games* que são simulações do mercado de trabalho. Neles, é possível gerenciar um hotel, gerenciar uma empresa. Assim como os pilotos têm simuladores para aprender a voar, os alunos dispõem dessas ferramentas virtuais para aprender a fazer como se estivessem no mundo do trabalho.

Sobre as já mencionadas videoaulas, é importante dizer que algumas são bem convencionais: o professor se filma dando aula e isso é tudo. Mas existem outras mais sofisticadas, em que o professor pode incorporar, além da sua própria fala, imagens, vídeos históricos ou científicos, *links*. As aulas ficam bem mais ricas e interessantes, mesmo para um aluno multi e hipermidiático, além de hiperativo.

O grande desafio é como formar professores para usar todos esses novos recursos, pois ele precisará deixar de ser mero transmissor e virar um *designer* de currículo. Para tanto, o professor precisará ter as mesmas competências que irá desenvolver em seus alunos. Ele deverá utilizar uma série de possibilidades, estratégias, metodologias e recursos para estruturar cada processo formativo de seus alunos da maneira mais criativa, como se fosse um *designer* de produto ou de processo.

Para formar esse professor, precisamos que as instituições de ensino superior saibam como aproveitar a nova geração de cidadãos nativos digitais. Ela terá que capacitá-los dentro de uma nova lógica, que lhes permita potencializar o uso da tecnologia para promover a educação do século 21. Para tanto, a ideia de *designer* de currículo deverá ganhar um *status* diferente, e talvez torne a carreira do magistério mais interessante do que tem sido até aqui.

Atualmente, temos um apagão de professores no Brasil, principalmente na área de Exatas, porque ninguém se interessa pela profissão. Com aquela aula chata, que nem mesmo os docentes de hoje aguentavam quando eram alunos, quem vai querer abraçar a carreira de professor hoje em dia? Porém, se a aula for interessante, com *games*, videoaulas, com *MOOCs*, a coisa muda. Para o futuro professor, tudo isso tem a ver, porque se exige muito mais dele na sua formação e o desafio é muito maior, o que pode resultar em melhor remuneração, porque estaremos esperando muito mais desse professor.

Adotar essas metodologias e ferramentas inovadoras é uma responsabilidade muito grande para as instituições de ensino superior. E eu gostaria de propor que os laboratórios de inovação não atuassem apenas para fora das instituições, não se dedicassem apenas a buscar soluções para as empresas, mas que também fossem utilizados para gerar inovações pedagógicas, educacionais e acadêmicas.

As instituições poderiam juntar professores, *designers*, engenheiros de produção e cientistas de computação dentro desses laboratórios para criar maneiras inéditas de utilizar novas soluções tecnológicas para a educação.

Outra questão que envolve a inovação diz respeito a empreendedorismo e negócios sociais, iniciativas que visam resultado econômico com impacto social. É um setor que se situa entre o setor privado e o das organizações não governamentais (ONGs) sem fins lucrativos.

Existem algumas dezenas de negócios sociais no Brasil gerando soluções educacionais. São plataformas, *games* e outros aplicativos. Seria muito interessante que a comunidade das IES pudesse incubar esses negócios sociais dentro das suas instituições e fazer com que profissionais ou estudantes de áreas que não a de educação possam se envolver nesses laboratórios. Desse modo, elas se veriam também como geradoras dessas soluções. Até porque, para "pensar fora da caixa", é importante trazer mais gente para a caixa ou para o entorno dela.

Há ainda a questão da sustentabilidade, que tem que ser transversal. O mundo está pedindo isso. Esse tema não pode mais ser tratado como disciplina à parte. É como acontece hoje com a informática – não existe mais laboratório de informática, o computador tem que entrar na sala de aula, ninguém vai sair da sala para ir até o computador. Da mesma forma, o tema da sustentabilidade tem que estar dentro de qualquer sala de aula, pois disso depende a nossa própria sustentabilidade como espécie.

Acho importante lembrar que 65% dos alunos do ensino básico de hoje, que são os futuros graduandos das instituições de ensino superior, terão empregos que ainda não foram criados. Estamos falando das competências do século 21, de uma série de habilidades que independem do que esses alunos vão fazer tecnicamente, mas envolvem atitudes e comportamentos que vão lhes permitir se realizar e fazer a diferença em qualquer ambiente – de trabalho, de relações sociais ou políticas – e como cidadãos.

Tendo como referência todas essas tendências e ferramentas de ensino-aprendizagem mencionadas, há quem pergunte:

1) Os educadores brasileiros têm condições de ser preparados para atuar nesse nível de competência?

2) Haverá tempo para mudar a nossa realidade em relação à adoção desses processos inovadores?

Na minha visão, estamos absolutamente em tempo. Mas não podemos ficar esperando. Temos que nos antecipar e até correr um pouco, porque estamos atrasados. Mas temos todas as condições para reverter isso.

Cada vez que entro em uma instituição de ensino superior privada brasileira, fico impressionada ao ver sua infraestrutura e a qualificação dos seus professores. Por isso, acho que é mais fácil o setor privado começar essa mudança, porque as universidades públicas estão muito mais presas, têm muito menos flexibilidade.

Para isso acontecer, tem que haver investimento em pesquisa e inovação. Assim como as grandes indústrias de ponta investem no desenvolvimento de novos produtos, as instituições de ensino privadas também têm que desenvolver novos processos e novos produtos educacionais que sejam compatíveis com o nosso contexto e que atendam melhor às nossas próprias expectativas.

A oportunidade está aí. Ao trazer os problemas do mundo para que sejam objeto de estudo dentro da escola e ao deixar que os alunos saiam virtualmente para se conectar com empresas e projetos sociais para resolver seus problemas, as instituições de ensino superior privadas passarão a ter cada vez mais protagonismo. E disporão de mais uma forma de qualificar a oportunidade acadêmica oferecida aos seus alunos. Com isso, todos têm a ganhar. Ganha o aluno, que aprende mais; ganha a universidade, que passa a ter profissionais mais bem qualificados e alunos mais satisfeitos; ganha a sociedade, recebendo soluções mais factíveis para problemas, que são crônicos, mas não deveriam ser.

Vislumbramos aqui uma série de caminhos para diversos problemas cuja solução depende apenas de um pouco mais de empreendedorismo e de entusiasmo para deixarmos de ficar à espera que o Governo faça alguma coisa. Temos a criatividade de, com menos, às vezes conseguir fazer mais. Vamos aproveitar nossa capacidade, juntamente com os talentos que são as novas gerações de brasileiros, dotadas de características muito interessantes.

CAPÍTULO 5

ACADEMIA DA INOVAÇÃO NO TRINITY COLLEGE

Mauro Ferreira

Ao olhar para minha trajetória acadêmica, é possível notar que meu processo de formação e treinamento sempre representou o estudo profundo de alguma coisa. Desde minha graduação em física no Brasil até o mestrado e o doutorado na Inglaterra e o pós-doutorado na Holanda, todas as etapas foram dedicadas fundamentalmente ao estudo. De repente, ao me tornar professor e pesquisador em uma universidade na Irlanda, percebi que, para conseguir fazer a ciência para a qual eu havia sido formado, não bastavam apenas os estudos fundamentais. Alguma coisa estava faltando: eu não tinha como conseguir financiamento para minhas pesquisas. Na Europa, você precisa ter a sua pesquisa muito aplicada para que consiga financiamento, seja da União Europeia, seja do setor privado.

É importante chamar a atenção para a transformação ocorrida quando tive que deixar de ser estudante para começar a ser pesquisador. Houve uma mudança clara dos estudos fundamentais para o tipo de pesquisa que faço hoje – como colocar nanopartículas dentro da madeira para ela não ficar inflamável ou para mexer nas suas propriedades acústicas. Não foi uma transição fácil nem feita da noite para o dia. Foi um processo árduo, que me fez perguntar se não teria sido mais fácil se, nesse longo processo, minha formação tivesse sido mais qualificada com noções sobre aplicação de inovação tecnológica e sobre empreendedorismo. Isso teria tornado facilitado muito a minha vida.

Em uma conversa com o ex-ministro de Ciência e Tecnologia, o físico Sérgio Rezende, ele me disse que o Brasil tinha entrado na competição com os *big players*, os grandes países produtores mundiais de conhecimento. O Brasil não deixa nada a desejar em termos de produção científica, que é a métrica mundialmente utilizada para avaliar como a produção vem sendo elevada A métrica é feita através de publicações científicas, citações e registros de patentes.

No Brasil, o número de publicações científicas cresceu vertiginosamente, assim como também as citações, o que mostra a qualidade da pesquisa que está sendo feita no país. Infelizmente, porém, os pedidos de patentes não cresceram na mesma proporção. Também nesse caso, pode-se perguntar se isso não poderia ter sido diferente caso houvesse maior atenção para o conceito de inovação tecnológica aplicada no processo de formação do pesquisador e do cientista.

Foi para ajudar a resolver isso que fizemos a *Innovation Academy* (em português, Academia de Inovação), no Trinity College, em Dublin, que é a instituição acadêmica mais conhecida da República da Irlanda, com mais de 400 anos, fundada em 1592, e com muita tradição em pesquisa e ensino.

O que é a *Innovation Academy?* É uma tentativa de expor os nossos estudantes, desde cedo, ao conceito de inovação tecnológica aplicada, uma iniciativa do Trinity College em parceria com duas outras universidades, a University College Dublin (UCD) e a Queens University Belfast – esta última localizada na Irlanda do Norte.

Imagine um estudante de pós-graduação que esteja se especializando em determinado tema: obviamente, ele está engajado em alguma atividade de pesquisa. O que queremos fazer na *Innovation Academy* é estimular o estudante a perguntar qual a direção que sua pesquisa está tomando e que outras direções ela poderia tomar.

A princípio, pode-se pensar que se trata de uma missão impossível, mas nós acreditamos que não. Na verdade, nossa missão é desenvolver o que chamamos de uma "nova classe", um novo tipo de pós-graduando. Este deve ser um especialista na sua área, ter todo o conhecimento técnico essencial, mas, somando-se a isso, também uma compreensão total do processo de inovação. Em outras palavras, de como o tema de sua pesquisa pode se traduzir em produtos, em serviços ou em políticas de benefício social, econômico e cultural. Queremos fazer com que esses estudantes estejam imersos nesses conceitos, desde o momento em que eles botam os pés na universidade.

Como fazemos isso? A *Innovation Academy* é um curso modular. Alguns módulos são fundamentais, e os estudantes são obrigados a fazê-los. São módulos mais especializados, chamados *Core Modules*. Outros são opcionais. No total, são seis módulos, dedicados ao pensamento criativo e inovador, ao reconhecimento e à geração de oportunidades, e outros mais específicos, que ensinam como proteger a propriedade intelectual, como planejar um empreendimento (que porventura possa advir do estudo desse aluno), como financiar o projeto. Há também um módulo sobre liderança.

No módulo de Pensamento Criativo e Inovador, por exemplo, os estudantes se reúnem e recebem uma tarefa, que costuma ser bem corriqueira. Um exemplo: inovar uma catapulta, instrumento milenar que eles terão de aperfeiçoar, de modo a fazê-lo lançar seus projéteis mais longe ou coisas desse tipo. Essa é uma atividade relativamente simples, que apenas ilustra o que é feito. Em outra etapa desse módulo, as tarefas se tornam cada vez mais complicadas, porque são propostas pelas empresas que participam da Academia, como a HP, a Microsoft e muitas outras.

Essas empresas participam apresentando problemas, recebendo nossos estudantes em suas instalações, oferecendo a eles a oportunidade de receber treinamento – e, obviamente, elas têm uma contrapartida, se beneficiam disso. Só para mencionar um exemplo, uma das tarefas do grupo foi apresentar propostas que pudessem aumentar o engajamento da população na *Special Olympics*, organização que ajuda as pessoas portadoras de deficiências intelectuais a desenvolver sua autoconfiança e suas capacidades. Essa organização promove os Jogos Mundiais Olímpicos Especiais, evento bienal que é muito forte na Irlanda. Um número enorme de ideias foi apresentado.

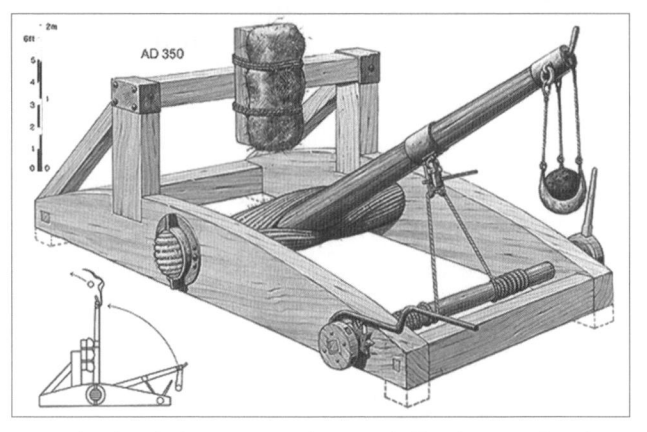

Catapulta do século IV e estudantes trabalhando para descobrir novas aplicações ou aperfeiçoamentos na atividade do módulo de Pensamento Criativo da *Innovation Academy*

Como mencionei, essa iniciativa requer uma rede de empresas que estejam dispostas a participar. Quando nós começamos, havia um pequeno *pool* dessas empresas, mas a coisa foi tomando vulto e tendo sucesso a tal ponto que agora não conseguimos dar espaço a tantas empresas interessadas. Porque há realmente um benefício, a empresa pode manter contato com estudante quando ele deixar essa pós-graduação, até como um *headhunting exercise*. Elas conseguem identificar estudantes que têm grande potencial e muitas vezes eles já saem do curso empregados.

O módulo de Reconhecimento e Geração de Oportunidades é muito interessante, porque sabemos que todo estudante de pós-graduação tem algum tipo de pesquisa e vai ser forçado, quase compelido, a tentar ver sua pesquisa aplicada de alguma maneira. Obviamente, há um suporte muito grande para que isso ocorra, pois a instituição não pode simplesmente largar seus estudantes e esperar que a aplicação da inovação ocorra do nada.

Há alguns casos de sucesso bastante curiosos. Um estudante do meu departamento de física tem um projeto em astrofísica. Ele estuda tempestades solares. Ao começar o estudo na *Innovation Academy*, disseram que ele tinha de traduzir isso para alguma aplicação. Ele sabia que as tempestades solares ocorrem regularmente e que afetam os meios de comunicação. Então, sem muita dificuldade, ele criou um aplicativo de telefone celular que identifica a atividade solar, com a função de alertar as empresas de telecomunicações. O aplicativo teve uma boa repercussão.

Astrofísica, tempestade solar, meios de comunicação: vamos admitir que não é tão difícil assim fazer essa conexão. Mas eu posso citar outro caso, de um projeto de pesquisa que era a história da tipografia. Pois a historiadora conseguiu vislumbrar uma oportunidade de aplicação, apesar da aparente dificuldade em função do tema. Basicamente, o que ela fez ao estudar a história foi notar que, com o início da tipografia, o mercado editorial da época foi fortemente abalado, a partir da grande redução do que antes era "escrito a mão". Então, com base no que aconteceu séculos atrás, ela foi capaz de perceber relações com o que vem acontecendo hoje no mercado editorial, quando as editoras estão sofrendo um baque semelhante. As editoras gostaram tanto do trabalho que financiaram a pesquisa, e acho que ela já está até empregada em uma dessas editoras.

O que estamos propondo é que as noções de inovação e empreendedorismo sejam relevantes para os estudantes. A *Innovation Academy* acredita que, se fizermos uma exposição maciça desses temas para os nossos estudantes, isso terá um resultado fundamental na consolidação da República da Irlanda como um centro de inovação. Nós já estamos bem avançados nesse quesito e acredito que esta é uma tentativa de solidificar tudo ainda mais.

Muitos estudantes irlandeses, muitos estudantes europeus e até alguns brasileiros já fizeram esse curso. Nós os conhecemos agora como os embaixadores da *Innovation Academy*. O Trinity College acaba de receber um número razoável de estudantes do Programa Ciência sem Fronteiras, do governo brasileiro, e esses alunos terão acesso à nossa Academia, cujo modelo vem atraindo o interesse de algumas universidades, particularmente na Ásia. Então, estamos oferecendo uma oportunidade para universidades, que de fato queiram emular este conceito nas suas respectivas instituições. Algumas instituições brasileiras manifestaram interesse em aprender como implementar e desenvolver o modelo da Academia, ou pelo menos em conhecê-la.

A discussão sobre inovação tecnológica aplicada está presente também no Brasil. A pesquisa tem que estar com foco no mercado, senão não tem financiamento e isso está claro para as universidades europeias e norte-americanas. No Trinity College, de cada euro que eu levanto para minha própria pesquisa, entrego 30% para a universidade sob a forma de *over work*. Isso é importantíssimo para a própria universidade, porque faz com que sejamos considerados uma *research based university* – universidade voltada para a pesquisa. A receita da universidade é enorme ao contratar professores pesquisadores que sejam ativos em práticas científicas, e isso chega até a empresa.

O pesquisador levanta recursos para a pesquisa nas agências de fomento, nacionais e europeias, mas também nas empresas. A HP, por exemplo, financiou alguns estudantes de doutorado, resultando que 30% ou 40% do valor financiado foi para a universidade. A universidade tem grande interesse na pesquisa aplicada, porque ela representa sua própria sobrevivência.

Mas esta não é a única maneira de agirmos na universidade. Nós temos que diversificar também. Apesar da ênfase no interesse empresarial, há também o aspecto do cunho social, como no caso da *Special Olimpics*. Algumas das tarefas são propostas por grupos sociais, pelas prefeituras locais. Os *Councils* podem propor um projeto e os estudantes vão apoiar. Não é aquela coisa de "ou isso ou aquilo". É importante diversificar, como em qualquer bom investimento.

No que diz respeito ao Brasil, é preciso saber se os educadores brasileiros estão de fato preparados para vivenciar uma realidade como esta, aqui apresentada, que sem dúvida é muito bonita, mas não foi tão simples de implementar. Eu era diretor de Pós-Graduação do Departamento de Física do Trinity College até muito pouco tempo. Naquela ocasião, a *Innovation Academy* se aproximou da diretoria, mas havia dúvidas sobre se o Departamento de Física realmente gostaria de participar, porque os físicos são considerados céticos, pessoas que se opõem a qualquer mudança. Levei o assunto para uma reunião departamental. Obviamente, um número enorme de pesquisadores disse "não". Muitos diziam: "Para que vou tirar meus alunos do laboratório e mandá-los para uma *Innovation Academy*? Isso vai me custar no mínimo uns dois *papers* no final do semestre".

Como eu estava na direção do departamento, comprei a briga. Disse que não era obrigatório, mas que o estudante que quisesse teria o direito de participar. O que aconteceu foi que começamos com três ou quatro estudantes. Eles retornaram da Academia completamente maravilhados com aquilo que tinham vivenciado e começaram a propaganda de boca em boca. Os próprios pesquisadores perceberam que os estudantes voltavam para o laboratório com uma visão muito mais proativa e com ideias para pensar e escrever projetos. Naturalmente, eles pensavam: "Até a semana passada, quem escrevia os projetos era eu. Agora, tenho estudantes que assumem essa iniciativa".

Não dá para mudar da noite para o dia. Mas, começando aos poucos, as pessoas percebem o sucesso, e a proposta ganha certo *momentum* e embalo. Essa é a nossa experiência. Atualmente, tenho mais estudantes de física querendo fazer a *Innovation Academy* do que a estrutura da Academia permite. Temos que começar e persistir – e o sucesso naturalmente convence outras pessoas. Os professores começam a ver resultados e vão se dedicar mais aos programas de inovação e empreendedorismo. Eu não tenho dúvida disso.

A mensagem da Academia da Inovação, que completa a formação com ferramentas de empreendedorismo: "O estudo produz acadêmicos; a ação produz empreendedores"

CAPÍTULO 6

PROMOVENDO O SUCESSO DO ALUNO
George D. Kuh

As implicações da retenção de alunos numa instituição de ensino superior não são triviais. Para o aluno – que, além de seu tempo, investe recursos consideráveis para sua educação –, abandonar o curso representa perder o investimento. No que diz respeito à instituição, acredito que a maioria dos gestores educacionais gostaria de se assegurar de que os alunos selecionados alcançaram seus objetivos educacionais e pessoais e têm condições de pôr em prática o que aprenderam.

Não gosto da palavra "retenção". Prefiro a palavra "permanência", porque indica uma responsabilidade dividida entre ambas as partes, o aluno e a instituição. O que tenho notado é que, se pudermos organizar de determinadas maneiras o currículo e as experiências de classe, a tendência dos alunos é que permanecer na instituição investindo seu tempo e energia a fim de terem sucesso.

Algumas instituições fazem esse trabalho muito bem, e a maior parte das políticas e práticas adotadas funcionaria em qualquer instituição, que seria extremamente beneficiada por elas.

Todas as instituições de ensino superior têm o mesmo objetivo: oferecer uma experiência acadêmica que resulte em alto nível de aprendizado e desenvolvimento pessoal para todos os estudantes. A chave para as instituições entenderem aquilo que seus alunos podem vir a obter com seus estudos universitários é simplesmente saber como eles empregam seu tempo.

Há um número crescente de alunos que querem o que a instituição tem a oferecer e compreendem que precisam do conhecimento. Mais do que no passado, porém, muitos estudantes estão despreparados para desenvolver trabalhos em nível universitário. Temos a obrigação não só de oferecer a matrícula, mas também de prover as fontes primárias de que eles precisam para atingir um desempenho considerado de nível universitário.

No Brasil, pelo que sei, o suporte governamental para os alunos não é expressivo. Mesmo nos EUA é assim, e isso parece ser uma tendência no mundo todo. O subsídio estudantil está diminuindo, e a parte dos custos que cabe aos alunos assumir está aumentando. Portanto, é muito importante tentar encontrar maneiras de fazer o ensino superior ser mais eficiente e eficaz para garantir a permanência dos alunos.

Outra coisa que está acontecendo em todo o mundo é que há aumento no número de profissionais de educação trabalhando em sistema de meio período. Até 20 ou 30 anos atrás, uma universidade dos EUA tinha cerca de 90% da sua docência trabalhando em período integral, o que não é mais o caso. Em muitas universidades dos EUA, por exemplo, a maioria dos professores do primeiro ano são educadores que trabalham em regime de meio período. Isso não significa necessariamente que não sejam profissionais eficientes. Significa que eles não têm tempo suficiente para ficar com os alunos, pois têm uma obrigação menor com a instituição e com aquilo que as nossas instituições exigem do seu corpo docente em termos de aconselhamento, determinação de políticas e assim por diante.

Tudo isso tem peso em um determinado momento. Não usaria a palavra "competição" – aqui não estamos necessariamente competindo em nível mundial –, mas o setor educacional superior é um mercado global. Portanto, trata-se de uma preocupação global saber se coletivamente estamos preparando alunos com as habilidades e com a confiança necessárias para atuar com eficácia nesse tipo de mundo que estão herdando de nós.

Promover o sucesso estudantil requer realização acadêmica, uma expressão que descreve o ganho de notas em nível aceitável, mas também implica saber se o aluno está envolvido em algum tipo de atividade que irá realmente lhe trazer benefícios, em comparação com o que lhe prometemos antes de iniciar o curso.

Assim, para satisfação do aluno, sua permanência é muito importante. Os alunos nos revelam nas entrevistas a vontade se sentir pertencentes a um projeto. Não estamos necessariamente no ramo da "satisfação", mas, se os alunos não mostrarem um pouco de bem-estar, de sensação de pertencimento a algo, eles simplesmente deixarão a instituição e provavelmente irão para outra universidade ou faculdade. Assim, não seria uma perda para o sistema educacional de nível superior como um todo. Mas, se quisermos que eles adquiram as habilidades e as competências necessárias, para que fiquem na nossa instituição e se sintam satisfeitos, devemos mapear todos os fatores relevantes que indiquem se o aluno está preparado e se poderá sobreviver em uma instituição educacional superior.

Podemos começar esse mapeamento pela experiência pessoal dos alunos antes de chegarem até nós. O tipo de ambiente familiar que eles tiveram, a classe social da qual provêm – que na verdade mostram ser os fatores mais importantes para avaliarmos se os alunos estão preparados, ou não, para o nível superior.

Motivação é parte disso. E muito da motivação diz respeito ao apoio da família, dos pais, até mesmo do cônjuge do aluno, para que ele continue seus estudos universitários. Esses são fatores que não temos como influenciar.

Mas há inúmeras outras variáveis que invadem o ambiente escolar e sobre as quais podemos ter alguma influência. Entre elas: a experiência oferecida ao aluno no seu primeiro ano de curso; o apoio acadêmico com que ele poderá contar; o ambiente do *campus*; a colaboração participativa dos colegas; e, principalmente, os métodos de ensino e aprendizado adotados.

Há algumas características que representam indicadores prévios de que o aluno tende a permanecer na instituição e a tirar proveito da experiência universitária. A primeira é a que chamo de "Realização de Metas".

O aluno é capaz de articular com as suas próprias palavras, o motivo de estar na universidade? É uma questão simples. Mas muitos alunos, especialmente os recém-saídos do ensino médio, vão dizer o que já esperamos: que alguém da família sempre quis que ele cursasse a instituição; que ele veio porque sabe que o ensino superior poderá ajudá-lo a encontrar um emprego melhor; ou simplesmente que ele não tinha nada melhor a fazer.

Não são motivos razoáveis, porque não são do tipo que inspire e motive um aluno. Neste caso, ele ainda poderá ter problemas no futuro. Cedo ou tarde, às vezes no primeiro semestre, quase todo aluno enfrenta um obstáculo, coisas que não estavam previstas. Se o aluno não consegue dizer o que o trouxe à universidade, ele está num grupo de risco de evasão do ensino. Por quê? É muito mais fácil ele abandonar o curso, pois investiu pouco em sua formação.

A outra característica é como o aluno se sente em relação à universidade, o que eu chamo de "Adequação Psicossocial". Ele tem amigos na universidade? Porque notamos cada vez mais, especialmente nos alunos que não moram em repúblicas, que uma das maiores razões de permanência na instituição é amizade estabelecida com outros alunos. Esse relacionamento muitas vezes foi desenvolvido dentro da sala de aula por estímulo do professor ou por algo que aconteceu em classe, algo que estimula a conexão social e motiva as pessoas a ficar mais próximas.

A sala de aula se torna uma extensão da família, que é onde as comunidades se formam, onde os alunos começam a se chamar pelos nomes. Isso resulta do fato de que estar na faculdade é mais importante do que estar em outro lugar qualquer, especialmente se há intensidade nas relações sociais que se estabelecem.

Outros fatores também são relevantes, como a conclusão dos créditos e o suporte acadêmico e social. Mas o item principal é o esforço empreendido na instituto para envolver o aluno nas atividades que, por experiência prática e décadas de pesquisas, sabemos que os engajam e os levam a se esforçar mais, resultando em maior aprendizado.

Uma ampla pesquisa, que resultou num livro de mais de 600 páginas lançado em 2005, *How College Affects Students* (em português, "Como a faculdade impacta os estudantes"), de autoria dos meus colegas Ernest Pascarella e Patrick Terenzini, professores da Iowa University e da Penn State University respectivamente, revela como as instituições devem se concentrar em moldar sua oferta acadêmica, interpessoal e extracurricular para estimular o envolvimento do estudante em termos de aprendizado e desenvolvimento pessoal.

Os autores, que já haviam realizado uma enciclopédica revisão das pesquisas sobre o tema em 1991, indicam um conjunto de propostas muito diretas, que mostram de forma abrangente o que os estudantes fazem, ou seja, o tempo e a energia que dedicam às atividades educacionais. Por outro lado, expõe o que as instituições fazem, usando práticas educacionais para induzir os estudantes a realizar as atividades mais indicadas e como as instituições realmente efetivas do ponto de vista educacional canalizam a energia dos estudantes para essas atividades.

Uma pergunta que todo dirigente educacional deve fazer é: quanto um aluno aprende na instituição e se beneficia nas aulas? Não se trata de saber quem são os alunos, quais são suas características pessoais quando iniciaram o curso. A intenção é, isto sim, saber o quanto eles conseguem aprender a partir do momento em que a instituição adota práticas educacionais efetivas. O que realmente faz diferença é a quantidade de tempo e de energia de que eles dispõem para isso.

Outro aspecto é que, como instituição, podemos aperfeiçoar a forma como ensinamos, como organizamos e monitoramos a melhora do aprendizado nas aulas, os tipos de exigência requeridos nos programas de ensino que estabelecemos, e tudo isso pode fazer enorme diferença em relação a como e quanto os alunos se beneficiam.

Em nossos últimos vinte anos de pesquisa sobre instituições, os resultados mostraram que as universidades que estabeleceram uma matriz estruturada e uma experiência extracurricular apresentaram desempenho muito alto. Essas instituições garantiram engajamento e maior permanência de seu alunado.

O mencionado estudo de Pascarella e Terenzini identificou diversas práticas de ensino que importam para os graduandos. Quanto mais interações um aluno estabelece com seus professores, maior e melhor será sua experiência. O tempo que os alunos gastam com o professor não é tão importante quanto o tempo que eles dedicam a discussões quando estão juntos. É claro que utilizar esse tempo falando sobre futebol não é nem um pouco tão importante quanto discutir como administrar o tempo empregado pelo aluno com as diversas aulas.

Os desafios que se apresentam para os alunos representam indicações importantes. Precisamos saber se eles estão tirando proveito das aulas e também o que podemos fazer para que as questões importantes sejam reestruturadas e abordadas pelo professor. Além disso, precisamos saber se os alunos estão realmente usando algo que foi aprendido além da aula, se eles conseguem enxergar conexões entre a aula do professor e qualquer outra aula que eles tiverem recebido de outros professores. É muito importante essa habilidade de integrar e sintetizar.

O livro também tem outras respostas. Por exemplo, sobre o tempo que o aluno emprega para estudar. Quanto mais tempo o aluno aplica no estudo, mais aprende. Alguns alunos são mais eficientes, mas o tempo gasto com tarefas não pode ser simplesmente replicado. Há uma grande lição em termos do uso de tecnologia e *MOOCs*, que precisa ser compreendido pelos gestores.

Outro aspecto é fazer com que os alunos aprendam a trabalhar efetivamente com outros alunos. É importante o gestor educacional parar por um momento e perguntar a si mesmo em que parte do programa a instituição motiva os alunos a obter experiência prática. O gestor precisa pensar se os alunos estão trabalhando em pequenos grupos e em problemas reais da vida, demonstrando como conseguem chegar a múltiplas soluções que funcionam quando implantadas em diferentes situações. Os empregadores estão procurando desesperadamente pessoas que possam trabalhar em grupo, especialmente pessoas que tenham *backgrounds* muito diferentes entre si.

Esses são os tipos de atividades que realmente têm impacto no aprendizado e resultam em uma série de oportunidades que vão além da sala de aula. O gestor também deve pensar sobre como tirar proveito de todas as possibilidades apresentadas, o que nos remete à questão da chamada "Realização de Metas".

O maior impacto parece derivar do nível total de envolvimento dos estudantes no *campus*, especialmente quando os envolvimentos acadêmico, interpessoal e extracurricular se reforçam mutuamente. É importante os alunos serem capazes de aplicar o que estão aprendendo. A experiência concreta mostra o que eles realmente aprenderam – e hoje isso faz toda a diferença no mercado de trabalho. Não fui eu que inventei isso: trata-se de mais uma descoberta revelada pelas pesquisas que temos feito nos EUA.

A partir dessas ideias, criamos uma ferramenta que chamamos de NSSE, National Survey of Student Engagement (em português, Pesquisa Nacional de Engajamento Estudantil), que já foi aplicada em universidades com cursos de quatro anos de duração. Nos EUA, temos um conjunto de instituições de ensino superior chamados *Community Colleges*, que oferecem ampla grade de cursos com dois anos de duração e são geralmente frequentados por estudantes da comunidade local. Após a diplomação, não é raro alunos dessas escolas rumarem para universidades tradicionais, onde completam sua formação acadêmica. A pesquisa também foi aplicada nessas instituições.

As pesquisas aplicadas a instituições e a alunos são similares em conteúdo e em elaboração, mas são ferramentas distintas. A ideia é prover informações para as instituições de ensino superior sobre as coisas mais importantes que ocorrem na instituição e como os alunos estão usando o tempo deles. Ao saber sobre esses fatos, a IES consegue ter um *insight*, como uma espécie de janela aberta para averiguar o que pode fazer para alterar os resultados caso os estudantes não estejam usando seu tempo de forma produtiva.

Ao entrevistar os alunos, da mesma forma como uma instituição os entrevista objetivando sua retenção ou permanência, há uma padronização dos resultados que chamamos de "Engajamento Estudantil". É uma grande ferramenta. Tivemos 4 milhões de alunos, 1.600 faculdades e universidades envolvidos, nos EUA, na Austrália, na Nova Zelândia e na África do Sul. Recentemente, a Irlanda adaptou a pesquisa NSSE a fim de utilizá-la em seus programas educacionais. A ideia de tentar criar parâmetros de engajamento estudantil em níveis institucionais tem se tornado um fenômeno internacional.

É uma ferramenta muito simples. A questão fundamental é que, diferentemente de outras pesquisas estudantis, não incluímos muitas questões referentes às percepções do aluno. Não estou dizendo que não sejam relevantes. Geralmente as IES perguntam como o aluno se sente com relação à universidade, se as necessidades acadêmicas e interpessoais foram supridas. Tudo isso é muito importante, contudo, não está diretamente relacionado ao quanto os alunos aprenderam. Seu objetivo é saber se irão permanecer na universidade ou não.

O que perguntamos aos alunos é diferente. Como você está aplicando seu tempo? Quantos trabalhos você faz? Quantas páginas você lê? Com que frequência interage com seus professores sobre suas ideias fora da sala de aula? Com que frequência trabalha com colegas em tarefas que foram designadas pela docência? Com que frequência tem conversas sérias com pessoas de outros *backgrounds*: social, político, racial, étnico? E assim por diante.

Tudo está relacionado nesse instrumento, que dividimos em cinco categorias ou escalas:

1. o número de horas que os alunos estão empregando no estudo;
2. em que amplitude a faculdade os está desafiando a alcançar níveis mais altos do que haviam imaginado;
3. se estão trabalhando em equipe e em projetos em sala de aula;
4. se estão apresentando trabalhos que possam mostrar aos demais colegas e aos seus instrutores;
5. o quanto estão atentos ao material disponível para o aprendizado.

É um conjunto simples de interação.

Os empregadores querem funcionários capazes de falar claramente e de forma efetiva. Em que lugar os alunos de uma universidade adquirem fluência para falar clara e efetivamente? Eles não conseguem alcançar nada somente lendo livros e assistindo a filmes. É necessário praticar. E eles gostam de estar diante de outras pessoas e de ter esse tipo de interação.

Sobre interações e a noção de um ambiente solidário no *campus*, entramos em outra categoria, que chamamos de "Experiências Educacionais Enriquecedoras". O que temos visto nesse campo – e estou nisso há mais de doze anos – é que os resultados confirmam exatamente o esperado. Através de pesquisas de mais de uma década, chegamos à conclusão de que, quanto mais engajado estiver o aluno, mais tudo o que foi analisado contribuirá para sua permanência. Quanto maiores forem as notas, quanto mais satisfeitos os alunos estiverem, maior a probabilidade de eles permanecerem na instituição e concluírem o que haviam começado – e, além disso, de realizarem o que almejavam, algo realmente importante.

Nessas pesquisas, descobrimos também coisas que intuitivamente já sabíamos devido a nossa experiência, como o fato de que alguns alunos se beneficiam de algumas coisas mais que outros.

As mulheres, por exemplo, têm um diferencial que as encoraja a gastar mais tempo estudando do que os homens, nas mesmas circunstâncias. Na média, as mulheres tendem a mostrar mais engajamento do que a média dos homens. Enfatizo a média porque é claro que nem todas as mulheres usam mais seu tempo estudando do que os homens. Alunos que estão em regime de tempo integral também tendem a estudar mais do que os de meio período, porque têm mais tempo para se dedicar. É uma constatação muito simples.

Uma descoberta que é necessário destacar é que o engajamento e o tempo gasto em tarefas respondendo aos experimentos pedagógicos passados têm efeitos compensatórios. Quando alguém compensa algo no próprio comportamento, isso significa que está procurando compensar alguma falha. Compensar significa que você sente falta de certa habilidade ou atitude e dedica mais tempo e atenção para adquiri-la.

Na universidade em que trabalho, para alguns tipos de alunos que estão em risco por estarem menos preparados, academicamente falando – talvez por virem de uma minoria racial ou social –, o engajamento se torna uma forma de incentivo para melhorar o desempenho. Alunos engajados podem se sobressair no primeiro ano e até se destacar sobre alunos que tenham tido melhor preparação.

Em muitas instituições nos EUA, em função da tomada de decisões, descobrimos que certos tipos de atividades de que os alunos participam podem beneficiá-los grandemente. Enquadramos essas atividades, de forma empírica, sob a denominação de "Práticas de Alto Impacto". Um estudo sobre elas foi realizado com o patrocínio de grandes associações profissionais dos EUA e publicado em duas etapas, a primeira em 2008 e a mais recente em julho de 2013. "Alto impacto" significa que o aluno que passa por essas práticas está mais engajado, tem notas melhores, emprega mais tempo estudando e dedicando-se a coisas relevantes, resultando em maior permanência na instituição.

A relação dessas práticas é extensa, envolvendo experiências e seminários no primeiro ano, experiências intelectuais comuns, criação de comunidades de aprendizado, realização de cursos intensivos de redação e de projetos e tarefas em grupo, participação em pesquisas, busca de aprendizado global e de diversidade, somatória de aprendizado e prestação de serviços, inclusive com base na comunidade, além de estágios, cursos e projetos práticos.

Acredito que a maioria das instituições desenvolve muitas dessas práticas. Mas quero destacar que muitos são os caminhos possíveis para uma instituição efetiva do ponto de vista educacional. Não existe modelo único. Há diferentes combinações de sinergias complementares e interativas. O que vale a pena fazer deve ser bem feito e em escala.

Sei que muitos gestores gostariam que houvesse um diagrama, um modelo, alguma coisa que ele pudesse tirar da gaveta e simplesmente aplicar e com isso resolver tudo. Mas não é assim que as instituições de alto desempenho procedem.

De todo modo, indico alguns diferenciais no livro *Student Success in College: Creating Conditions that Matter*, (em português, "Sucesso estudantil na faculdade: criando condições que importam"), que escrevi junto com um grupo de colegas. Nossa ideia era compartilhar o que vinte instituições de alta *performance* fazem para conseguir seus níveis notáveis de efetividade. Identificamos que elas fizeram as coisas de maneira diferente, mas o que todas fizeram em comum foi descobrir coisas que funcionavam e tentar dimensionar seu significado.

Descobrimos que essas instituições tão diferentes tinham seis características em comum:

1. missão e filosofia educacional desenvolvidas;
2. foco inabalável no aprendizado do aluno;
3. ambientes adaptados para o enriquecimento educacional;
4. caminhos claramente traçados para o sucesso do aluno;
5. ética voltada para o aperfeiçoamento;

6. responsabilidade compartilhada em favor da qualidade educacional.

Gostaria de destacar duas dessas características. Toda instituição tem uma missão escrita estabelecida. Mas o que sua escola tem a dizer sobre ela mesma pode ser muito diferente do que realmente acontece. Essa é a diferença entre o que escrevemos sobre a missão e a missão que os alunos e a instituição experimentam objetivamente todos os dias.

Com relação ao foco inabalável no aprendizado do aluno, observo que o aprendizado e o desenvolvimento pessoal do estudante são as maiores prioridades nas instituições de alto desempenho. Além disso, essas escolas revelam uma "paixão ilimitada" pelo desenvolvimento de talentos, seja dos estudantes, seja do corpo docente ou dos funcionários. Outra coisa é que elas dedicam tempo aos estudantes, estão voltadas para pedagogias envolventes e procuram atender aos estudantes no nível em que eles estão.

Esta última prática é um desafio muito grande. Muitos colegas meus esperam que todos os alunos que aparecem na sala de aula estejam tão bem preparados para fazer um trabalho de nível universitário quanto eles próprios estavam quando ainda eram alunos. Na verdade, são diferentes as expectativas daquilo que um aluno universitário deveria ser e do que a maioria deles é. E isso não é de hoje. Portanto, atender aos estudantes no nível em que se encontram é algo realmente complexo.

Em todas as gerações de professores universitários, é comum encontrar quem diga que gostaria de que os alunos de hoje fossem mais bem preparados, tal como eles próprios eram no passado. É pena, mas isso não acontece. O desafio é trabalhar com os alunos que temos, e não com os que gostaríamos de ter. Todas as nossas universidades têm alunos brilhantes, bem preparados, muito motivados, mas a maioria deles precisa de experiências de aprendizado concretas para dar propósito ao que estão fazendo.

As publicações institucionais devem descrever detalhadamente quais as experiências a serem vivenciadas pelos alunos, enquanto estes devem conhecer claramente os recursos e serviços disponíveis que possam ajudá-los a ter sucesso. Expectativas e comportamentos dos estudantes se completam e se reforçam com expectativas e sistemas de premiação institucionais.

Além disso, é importante estabelecer um sistema de alerta para apoio precoce aos alunos, pois cada qual irá encontrar um tipo de problema. Tal sistema de alerta deve estar pronto a oferecer apoio já nas duas ou três primeiras semanas do período letivo. Algumas universidades pensam em dar apoio ou aconselhamento com base no relatório de notas do meio do semestre, mas oito semanas em um semestre de dezesseis é muito tarde para salvar um aluno que apresenta problemas acadêmicos.

Precisamos ter um canal de informação rápido para agir em relação aos estudantes que apresentam dificuldades durante as primeiras duas semanas do semestre. Isso caberia a preceptores ou conselheiros acadêmicos, cuja tarefa seria observar as características dos calouros e projetar como os alunos de diferentes características e padrões socioculturais irão render no primeiro e no segundo semestre e assim por diante.

Além disso, conviria ver se é possível determinar – pelo *background* e algumas outras variáveis – quais alunos terão maior chance de progredir e ter sucesso, e quais tenderão a abandonar prematuramente o curso.

Os preceptores devem entrar em contato com o aluno para informar, o mais cedo e o mais frequentemente possível, se ele está se desenvolvendo de forma correta, produtiva e encaminhá--lo para apoio imediato quando apropriado. Se o aluno estiver morando em república, as pessoas envolvidas com esse trabalho dentro da universidade também devem procurar saber como esse aluno está usando seu tempo.

Para isso, naturalmente, é preciso ter mais gente envolvida nesse aconselhamento. A instituição precisa dispor de uma unidade central na qual um professor da faculdade, um preceptor ou até um amigo do aluno possa informar ao responsável pelo serviço que está focado no desempenho do aluno.

Se fizermos nosso trabalho, se tivermos um programa assistido no primeiro ano para cada aluno, poderemos oferecer respostas a essas situações.

Existem também algumas práticas educacionais envolventes, que já provaram ser eficazes para a criação de um ambiente de aprendizagem capaz de estimular a permanência dos alunos e que podemos considerar prioritárias para quem quer alcançar resultados efetivos nesse quesito. Essas prioridades são cinco:

1. insistir no que funciona;
2. investir no que faz diferença para o sucesso do estudante;
3. excluir programas redundantes ou ineficazes;
4. levar cada estudante a ter (pelo menos) uma experiência de "alto impacto" e alta qualidade no primeiro ano e outra relacionada com sua área de concentração;
5. abordar os aspectos culturais desde cedo.

Em primeiro lugar, precisamos insistir no que funciona. E isso envolve desde a organização das salas de aula, o emprego de tarefas iniciais e contínuas que exijam reflexão e integração, combinadas com *feedback*, até a realização de estudos de caso, debates e simulações, além da utilização de estudantes como preceptores ou orientadores dos colegas.

Há outras práticas institucionais que também deveríamos aplicar. Precisamos oferecer orientação. Estamos finalmente aprendendo isso nos EUA, descobrindo os caminhos ideais a seguir a fim de ajudar o aluno a completar sua graduação. Algumas vezes, os alunos desistem porque não conseguem ver o final desse processo, não conseguem visualizar como todas essas coisas podem se somar e fazê-los chegar a algo significativo.

Devemos praticar aconselhamento intrusivo; pedir aos alunos que venham à instituição, antes do início das aulas, para que possam aprender, conversando com um coordenador acadêmico, sobre o funcionamento de uma universidade e fazer o que é preciso, como se matricular para o período seguinte, refazer seu pedido de subsidio financeiro etc. Reduzir taxas de reprovação, repetição e abandono envolve também desenvolver o ensino suplementar, comunicar-se com os familiares dos estudantes e usar avaliações para medir os resultados desejados.

Além disso, é preciso investir no que faz a diferença para o sucesso do estudante – e, nesse caso, não se trata do quanto é gasto, mas em quê. A finalidade é tão ou mais importante que o valor em si, pois gastar com educação e serviços para os estudantes compensa em termos de aprendizado e retenção. A experiência mostra que não há nenhuma relação entre o sucesso do estudante e os gastos com pesquisa, doações externas, contratos e outras medidas tradicionais de "excelência institucional".

O gestor deve procurar excluir programas redundantes ou ineficazes e fazer com que cada estudante tenha pelo menos uma experiência de alto impacto e de alta qualidade no primeiro ano, bem como outra relacionada com sua área de concentração. Importante, também, abordar os aspectos da criação de uma cultura institucional desde cedo, com foco inabalável no aprendizado do estudante, o que significa ensinar considerando os estudantes que temos, e não os que gostaríamos de ter. Para criação dessa cultura, é necessário selecione o corpo docente e os funcionários cuidadosamente, de modo a ter as pessoas certas no lugar certo. Ofereça uma expectativa de alto desempenho para todos, estimulando a formação de uma comunidade apoiadora e envolvida, além de estabelecer uma ética voltada para o aperfeiçoamento.

É importante criar um ambiente de "inquietação positiva", no qual o aluno saiba quem ele é, quais são as suas aspirações e se sinta seguro, receptivo, mas nunca plenamente satisfeito. Para isso, precisamos nos perguntar continuamente: "Estamos oferecendo o melhor"?

Quando eu lecionava, pensava que meus alunos faziam a mesma coisa que eu no intervalo entre as aulas: pensando, lendo e me preparando para a aula seguinte. Mas, como eles tinham três ou quatro aulas adicionais, além de família, emprego, igreja e outros compromissos, quando chegavam para a minha aula, não tinham certeza do que haviam aprendido na aula anterior. Está comprovado que, se pudermos gastar dois ou três minutos no começo da aula, recordando o que foi dito na aula anterior e relatando o que será visto naquela aula, o aprendizado decola.

Vejamos o exemplo documentado da California State University, *campus* de Northridge, uma universidade pública localizada na área de San Fernando Valley, em Los Angeles. A instituição não está dentro dos padrões mais seletivos e tem se caracterizado por oferecer 35% de suas vagas a alunos de origem latina, que, em grande maioria, enfrentam condições de risco de não completar a graduação.

No caso dos alunos de origem latina com os quais não foi feito nenhum trabalho envolvente desde o início do curso, por meio de um preceptor, somente 38% completaram os seis anos de graduação. Mas, em grupos de alunos que participaram de qualquer das práticas mencionadas, o resultado sobe para quase 50%. Com a adoção de duas dessas práticas ao mesmo tempo, teríamos mais de dois terços desses alunos completando a graduação. E, se fossem três ou mais delas, o índice iria para 75%. Esse resultado chega a ser superior ao que conseguem obter instituições que trabalham com o mesmo perfil. Levantamentos como o realizado em Northridge também têm sido feitos em outras universidades da Califórnia, que agora se questionam sobre se conseguiriam fazer seus alunos passarem pelo mesmo processo desde o primeiro ano.

Devemos aceitar a origem de nossos estudantes e lembrar que a cultura acadêmica e institucional não muda facilmente nem de boa vontade. Para abraçar a diversidade e promover o sucesso dos estudantes, devemos usar políticas e práticas promissoras de modo mais consistente em toda a instituição. Mas isso exige de nós vontade e questionamento permanentemente: "Tem certeza de que não há nada que possamos fazer de forma diferente?" Isso não equivale a nos sentir inseguros, mas consiste em fazer o melhor que podemos para cada um de nossos alunos.

Temos que insistir, junto com nossos colegas de trabalho, em fazer o que realmente funciona. O volume de dinheiro envolvido com tais programas é relevante – não a quantia em si, mas a maneira como é aplicado. A única maneira de conseguir gerar recursos para fazer essas coisas, é parar de fazer as tantas coisas que fazemos e tentar conseguir que nossos colegas entendam como obter mais dos alunos de primeiro ano. Com isso, eles poderão adotar algo parecido com as práticas de alto impacto e, a partir daí, lidar com as diferenças de elementos culturais.

Nenhuma instituição irá mudar o caráter dos alunos que estão começando sua vida acadêmica – sabemos perfeitamente o quanto é difícil mudar culturas. Mas podemos desenvolver esse trabalho. Devemos usar esse tipo de educação efetiva. Para conseguir que nossas instituições se tornem melhores, tanto em *performance* quanto em permanência dos alunos, teremos que usar o que sabemos de forma muito mais efetiva do início ao fim. Não é questão de recursos financeiros, mas de colocar em prática tudo o que sabemos e que produz resultados.

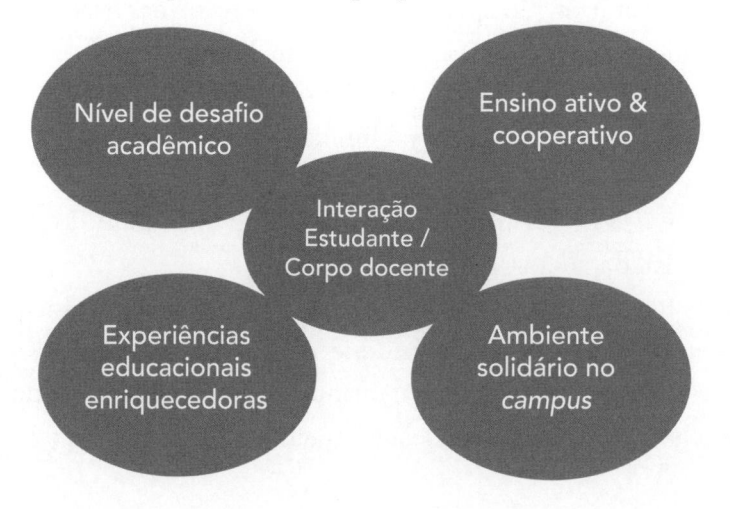

- Nível de desafio acadêmico
- Ensino ativo & cooperativo
- Interação Estudante / Corpo docente
- Experiências educacionais enriquecedoras
- Ambiente solidário no *campus*

CAPÍTULO 7

EVASÃO, RETENÇÃO E FIDELIZAÇÃO DE ESTUDANTES: O CASO MACKENZIE

Solano Portela

Quando são abordados temas como evasão, retenção e fidelização de estudantes, percebe-se que isso envolve um pouco de discussão e alguns problemas, principalmente na medição. Nossas estatísticas, até as nacionais, são escassas. E muitas vezes ficamos sem confiabilidade, inclusive devido à falta de transparência. Além disso, os dados são guardados a sete chaves pelas instituições.

Ninguém gosta de perder aluno, mas o pior é que, dentro das instituições, nem sempre os dados são democratizados como deveriam. Um departamento não sabe o que acontece no outro, e todos desconhecem o que acontece na instituição. Muitas vezes, os relatórios vão apenas para a alta direção, mas ficam lá, escondidos no meio de diversos outros medidores. A falta de transparência é uma questão que precisa ser tratada com pertinência.

É importante definir preliminarmente os termos que usamos quando abordamos o assunto.

Evasão é o cancelamento formal ou abandono do curso antes da conclusão.

Retenção é termo que recebe certa resistência, principalmente da área acadêmica, porque a prática está ligada à repetência. De qualquer maneira, quando se fala de evasão, pode-se concluir que o contrário dela é a retenção, ou seja, a reversão da evasão por meio de medidas preventivas, acadêmicas, financeiras e administrativas, que possibilitam e encorajam o aluno a permanecer na instituição até o final do curso.

Fidelização define as medidas ou situações que permitem que o aluno permaneça, de um estágio para o outro, na instituição. A continuidade dos estudos do aluno em etapas subsequentes na instituição significa que fidelizamos o aluno. Um termo que está em voga e vem sendo muito utilizado atualmente, é "permanência", excelente para nos referirmos ao aluno que fica perenemente na instituição durante todo o curso.

Como as instituições medem a evasão e a retenção? Basicamente, computando as desistências ocorridas no ano, ou seja, cancelamentos mais trancamentos. Mas a medição não afere totalmente a perda de receita. Podem-se computar quantos alunos iniciam e quantos terminam o curso, mas isso deixa de fora as transferências. Expurgar os trancamentos pode ser um engano, porque muitos resultam em cancelamentos.

A evasão pode ser classificada em protoevasão, quando está relacionada com a evasão no ensino médio, e as instituições de ensino superior podem até dizer que este caso está fora da sua esfera. Só que dados referentes a esse fenômeno interessam a elas, porque os alunos que se evadirem no ensino médio são estudantes que não estarão no ensino superior.

Pré-evasão é aquela que acontece antes de o indivíduo entrar na instituição de ensino superior. O número de inscritos é sempre maior do que o número de vestibulandos, que também é maior do que o número de matriculados. Portanto, existe um contingente de alunos potenciais que deixa de entrar na instituição.

Existem alguns números que mostram os custos da evasão – estes, obviamente, apontam para os benefícios da retenção.

Vamos presumir que uma instituição tenha 25% de evasão, uma taxa extremamente benevolente, com mensalidade média também baixa, de R$ 500,00. Para cada 1.000 alunos da instituição, a essa taxa de evasão, a perda de receita será de R$ 375 mil. Se a instituição tiver 2.000 alunos, irá perder R$ 750 mil no ano e, se forem 20 mil alunos, a perda será de R$ 7,5 milhões.

O gestor pode dizer que irá reduzir custos, mas só poderá reduzir os custos diretos. A classe será formada a cada ano com menos alunos, mas, inevitavelmente, a instituição irá terminar com algumas classes que terão apenas uma fração dos alunos que poderiam estar ali. As estatísticas são, portanto, aterrorizantes.

Os números do Semesp sobre esse assunto mostram que, em 2010, a evasão no Brasil foi de 33,2%. Em 2011, ela já havia atingido 35,9%. Isso chama a nossa atenção de forma muito intensa quando lembramos que, em 2007, a evasão era de 22%. Percebemos, assim, que a evasão está em ascensão. Até mesmo nas instituições públicas temos evasão, mas a principal razão não é a financeira, pois nelas o ensino é gratuito.

Pesquisando como essa questão é tratada em outros países, encontrei a descrição das funções do Diretor de Retenção da Morehead University, uma instituição com 9 mil alunos e 1,1 mil professores, que fica no município homônimo, no estado de Kentucky, EUA. O trabalho desse diretor, como responsável por administrar o Escritório de Retenção de Alunos da universidade, é "colaborar com os professores auxiliares educacionais e administradores para arquitetar, desenvolver e implementar novos programas, adaptar ações, cursos e serviços de apoio para incrementar o número de alunos que retornam à universidade, a cada ano, para completar seus cursos e se formar".

O fenômeno estava sendo estudando internamente em nossa instituição quando nos chamou a atenção a existência dessa figura. Enquanto ainda estávamos discutindo no Brasil como medir a evasão, em outros países existia um cargo em nível de diretoria para cuidar de retenção, com transversalidade total de atuação. Alguém que administra um escritório próprio voltado para retenção de alunos. Nessas universidades estrangeiras, a questão é tratada separadamente, e não no conjunto global de ações de secretaria-geral, de área financeira ou de interatividade com o aluno. É um setor específico e, como tal, tratado em separado na estrutura da instituição.

Verificamos que os estudos feitos no exterior são bastante profundos e intensos. Um nome que aparece com bastante frequência nas nossas pesquisas é o do sociólogo Vincent Tinto, professor da Siracuse University, no estado de Nova York. Tudo começou com seu *paper* – "O abandono escolar na Educação Superior. Uma síntese teórica de pesquisas recentes" –, publicado em 1975, o que indica que faz quase quatro décadas que isso vem sendo estudado em profundidade nos EUA.

Esse trabalho, na realidade, foi construído com base em *papers*, estudos e palestras do também sociólogo William Spady e do clássico francês Émile Durkheim (1858-1917), autor da Teoria do Suicídio, que estabelece a relação entre o índice de suicídio e o descolamento da interatividade entre o suicida e a comunidade que o cerca como causa do suicídio. O norte-americano Spady extrapolou a teoria de Durkheim para o ambiente universitário, rotulando a evasão como uma espécie de "suicídio acadêmico" ou "suicídio de carreira", provocado em grande parte por falta de identificação com a instituição, com a matriz curricular, com a conjuntura educacional e social que cerca o curso da instituição de ensino superior.

Outro autor, Watson Scott Swail, especialista em pesquisa educacional e presidente da ONG The Educational Policy Institute, fez uma palestra em 2004, "A arte da retenção de alunos", que atribui a cinco fatores:

1. integração social e acadêmica;
2. preparo acadêmico;
3. clima do *campus*, ou seja, se é aconchegante, hostil, pessoal, *high tech*, enfim, se é um lugar onde o aluno queira estar;

4. existência de comprometimentos maiores, tanto na vida do aluno quanto na da instituição, capazes de promover a cidadania e a cultura, isto é, se a instituição está entrelaçada e preocupada com a sociedade tendo princípios permanentes que a marquem e diferenciem;
5. mecanismos financeiros.

Para cada um desses comprometimentos, o aluno tem uma contrapartida. Qual é o relacionamento dele com a família? Quanto menor for esse relacionamento, maior a possibilidade de evasão. Qual a percepção que o aluno tem da importância da carreira? Quanto menor, maior será a chance de evasão. O aluno está focado no aqui e agora, no divertimento, nas coisas gratificantes ou o olhar dele está mais voltado para o futuro? Se não está, o que podemos fazer para que isso ocorra? E, finalmente, como quinto fator, Swail relaciona os mecanismos financeiros. Muita evasão ocorre por insuficiência financeira, pela a impossibilidade de o aluno pagar o valor das mensalidades das instituições de ensino privado, mas essa não é a razão primordial da evasão.

Vários outros estudos mostram que o tema da retenção tem sido investigado também em outros países, como o *paper* de excelente nível "Tendências na experiência do primeiro ano", de Richard James e Craig McInnis, produzido na Universidade de Melbourne, na Austrália; os trabalhos de Ian A. Bunting, da Universidade de Cape Town, na África do Sul; e, ainda, as publicações do britânico Mantz Yorke, professor da Lancaster University, que tem vários livros publicados na Inglaterra. Finalmente, há a vasta obra do especialista George D. Kuh, que tem mais de 300 artigos e dezenas de livros publicados sobre esse assunto, como *Taking Student Expectations Seriously* e *Cultural Perspectives in Student Affairs Work* ("Levando a sério as expectativas dos estudantes" e "Perspectivas culturais no trabalho com assuntos estudantis", respectivamente).

Em 2013, quando ainda desenvolvíamos os estudos sobre evasão e retenção que estamos implantando nesse ano na nossa instituição, o Mackenzie, dois executivos da casa participaram de um congresso internacional totalmente voltado para essa questão. O evento reuniu 500 representantes de mais de 250 universidades, todas tratando do assunto de maneira eficiente e científica e compartilhando as ideias. Isso evidencia que ainda temos muito a caminhar nesse sentido em nosso país. Um dos nossos executivos era o gerente financeiro, que capitaneava parte dos nossos estudos e ações, e o outro, o coordenador de um curso com grande percentual de evasão, também envolvido em nosso projeto.

Quando voltaram do congresso, eles ressaltaram os princípios defendidos pelo Dr. George Kuh, que mostram a necessidade de desenvolver a percepção de quanto a experiência universitária transcende a sala de aula. O ensino superior, afirma esse especialista, é mais do que simplesmente a sala de aula e o que ocorrer fora da sala de aula e envolver o aluno vai contribuir para a sua retenção. Além disso, ele recomenda repensar políticas, programas e práticas acadêmicas, sempre focando na retenção.

A evasão tem várias causas. Podemos relacioná-la, genericamente, a pouca interatividade com a instituição; sentimento de "não pertencer ao meio"; mobilidade geográfica e social; sensação de não estar aprendendo ou de não ver a praticidade do aprendizado; desentendimentos sociais, ausência de autodisciplina; dificuldades acadêmicas, como dependências e reprovação; e dificuldades financeiras. Uma chave para abordar o assunto na instituição é pesquisar todas as causas, classificá-las como reversíveis e irreversíveis e concentrar-se nas que são reversíveis.

Gostaria de descrever o caso do Mackenzie. O Instituto Presbiteriano Mackenzie é a instituição mantenedora de um conglomerado educacional com 45 mil alunos no total, no qual o ensino vai desde o maternal até os cursos superiores. Em 2012, começamos a abordar essa questão. Tínhamos três diretorias, cada qual com cinco metas. Na Diretoria Financeira, que eu ocupava na ocasião, estabelecemos como meta abordar a questão da evasão.

Uma das coisas que fizemos foi mudar o roteiro de tratamento da questão – e ocorreram algumas resistências nessa mudança. A meta estabelecida foi trabalhada pela metodologia do 5w2h, com envolvimento da academia.

A FERRAMENTA 5W2H

O **5W2H** é uma ferramenta de gestão que lista ações a serem desenvolvidas por uma equipe de trabalho para atingir determinada finalidade. Trata-se de uma *checklist*, montada em forma de tabela, que mapeia tanto as atividades e suas razões quanto define os agentes, o local, o tempo, o método e o custo da ação.

Seu nome é uma síntese de sete perguntas formuladas em inglês, cinco delas iniciadas com a letra W **(5W)** e duas com a letra H **(2H)**, como segue:

What (O quê)	*O que será feito (etapas)*
Why (Por quê)	*Por que será feito (justificativa)*
Where (Onde)	*Onde será feito (local)*
When (Quando)	*Quando será feito (tempo)*
Who (Quem)	*Por quem será feito (responsabilidade)*
How (Como)	*Como será feito (método)*
How much (Quanto)	*Quanto custará fazer (custo)*

Foi um trabalho intersetorial. Pedimos à Empresa Júnior da universidade que fizesse um levantamento dos cancelamentos e trancamentos de matrícula nos últimos três anos, considerando causas, destinos sendo tomados por aqueles alunos, custos, locais onde a incidência era maior etc. Nesse trabalho, verificamos também que nossas estatísticas não eram tão boas quanto pensávamos.

Os motivos que eram colocados pelos alunos no formulário de cancelamento não eram muito consistentes, e isso, nos levou a reformular o modo de tratar a questão. Alocamos pessoal específico, com horário diferenciado de atendimento, tiramos o assunto da secretaria geral, da assistência financeira ao aluno e criamos o Setor de Retenção, que localizamos próximo à Secretaria Geral e à Assistência Financeira, mas para onde o aluno que deseja fazer trancamento ou cancelamento é encaminhado.

As ações de retenção estão sendo feitas com muita eficácia e eficiência, subordinada à atual Diretoria Financeira do Mackenzie, que recebe um relatório mensal, encaminhado também à Presidência e ao Conselho Deliberativo da instituição. Entre os motivos para trancamento, o intercâmbio encabeça a lista. Estamos na era do intercâmbio, e acreditamos que os alunos envolvidos nessa atividade têm grande possibilidade de voltar e se rematricular. Os outros motivos envolvem questões de ordem pessoal, horário de trabalho, problemas de saúde. É importante notar que a referência a motivo de ordem financeira está em sexto lugar.

Entre os motivos para cancelamento, destacam-se a atração do aluno para outra instituição. Nesse quesito, têm influência as universidades públicas, que levam vários alunos nossos no início do ano. Falta de adaptação ao curso é o segundo motivo mais citado. Devemos pensar sobre o que leva tantos alunos a não se adaptar e sobre a flexibilidade que devemos ter para enfrentar a situação. Ordem pessoal é o terceiro motivo, enquanto ordem financeira está em quarto lugar, seguindo-se horário de trabalho, mudança de cidade etc.

O importante é que essa segmentação é tratada no Setor de Retenção e, com isso, temos a possibilidade de reversão. Nossas estatísticas de reversão em 2013, de janeiro a agosto, mostraram 279 casos, representando receita anual recuperada de R$ 3 milhões. Será que não vale a pena investir em um escritório de retenção?

Nas entrevistas que fazemos com os alunos, temos também oportunidades de argumentação e convencimento. Quanto à forma de convencimento que utilizamos, tomamos por base os resultados de uma pesquisa muito simples, que realizamos nas formaturas do ano anterior (no caso específico, 2012). Oferecemos três possibilidades de resposta a uma pergunta muito simples, com os percentuais da pesquisa.

Pergunta: Você está empregado?

Resposta 1: Sim, estou empregado na minha área de formação acadêmica (77%);

Resposta 2: Sim, estou empregado, mas fora da minha formação acadêmica (11%);

Resposta 3: Não estou empregado (12%).

Quando apresentamos o gráfico com esses resultados, e mostramos para o aluno que está tentando trancar ou cancelar a matrícula que sua atitude pode prejudicar sua empregabilidade no futuro, conseguimos convencê-lo da importância de reverter sua intenção.

O que fazemos no Setor de Retenção é um levantamento mais preciso das causas da evasão. Identificamos os problemas educacionais, de relacionamento e propomos um tratamento personalizado intersetorial, o rápido encaminhamento dos problemas, com indicação da possível solução, a fragmentação um a um dos casos de motivos pessoais e dos motivos por destino.

Tivemos 9% de reversão de janeiro a agosto de 2103. Pode parecer pouco, mas representa um valor significativo.

Um exemplo interessante foi o de uma aluna de engenharia elétrica que queria trancar a matrícula devido ao valor da mensalidade. Ela foi orientada a reduzir a grade acadêmica, e a mensalidade coube no bolso. Se não tivéssemos um escritório de retenção, a aluna teria feito o trancamento. Outro exemplo foi um motivo de ordem pessoal que identificamos no curso de publicidade e propaganda. A mãe do aluno queria trancar por decisão do marido, pois o filho não levava os estudos a sério. No entanto, as pessoas de melhor relacionamento com esse aluno trabalham justamente nesse ramo. Uma delas telefonou para a casa do aluno e, depois de longa conversa, a mãe disse que iria pensar. Dias depois, num segundo telefonema, ela decidiu rematricular o filho no curso.

A retenção envolve aspectos financeiros, acadêmicos e institucionais. Não é possível deixar a administração dessa questão em um setor de múltiplas atividades. É preciso utilizar as estatísticas para ações reais, especificar, customizar os roteiros e o atendimento aos alunos e, acima de tudo, garantir o envolvimento da alta gestão. É recomendável, também, que a instituição procure desenvolver essa questão como linha de pesquisa, como campo de estudo em nível de pós-graduação, objetivando a elaboração de teses e conclusões práticas. Pode-se imaginar quantas teses sobre o assunto poderiam ser implementadas.

É importante, finalmente, deixar claro que a função de um escritório de retenção não é bloquear os processos de trancamento ou de cancelamento de matrículas dos alunos de uma instituição de ensino superior, mas, sim, acelerar providências e decisões relacionadas com essas questões. Medidas bem claras e produtivas podem ser tomadas nessa área, que tem sido negligenciada ao longo de décadas pelas nossas instituições. Acredito que essa é uma área de concentração imediata. As oportunidades são realmente compensadoras.

CASO MACKENZIE – ESCRITÓRIO DE RETENÇÃO

Entrevistas mais precisas – Jan.-Ago. 2013

TRANCAMENTOS			CANCELAMENTOS		
Motivos	%	Quant.	Motivos	%	Quant.
1. Intercâmbio	32,3	473	1. Outra Instituição	51,3	912
2. Ordem Pessoal	15,2	222	2. Não Adaptação ao Curso	12,6	224
3. Horário/Trabalho	9,4	137	3. Ordem Pessoal	9,9	176
4. Problema de Saúde	9,0	132	4. Ordem Financeira	8,5	151
5. Não Adaptação ao Curso	8,2	120	5. Horário/Trabalho	6,0	106
6. Ordem financeira	6,3	92	6. Mudança/Cidade	3,2	57
7.1 Matrícula/ProUni	5,6	82	7. Insatisfação com o Curso	3,1	55
8. Outra Instituição	4,0	58			

CAPÍTULO 8

COMPETITIVIDADE, TALENTOS E ÉTICA

Fernando Schüler

Tivemos algumas novidades no Brasil nos últimos dez ou vinte anos em relação às questões que envolvem a gestão das instituições de ensino superior. Elas não podem deixar de ser mencionadas quando se aborda competitividade, talentos e ética. A primeira delas, a grande novidade, é a responsabilidade revelada pelas próprias instituições de ensino superior com relação à autorregulação.

Trata-se daquele gestor que toma para si a responsabilidade. Ele não espera que o Ministério da Educação (MEC) vá até a instituição para saber, por exemplo, se a biblioteca está mesmo lá. Porque é ridículo e paternalista que uma comissão do MEC se desloque para saber se um livro está na biblioteca ou se o prédio tem sua numeração na fachada do prédio, se o *campus* tem acessibilidade para pessoas com deficiência ou se os professores estão com sua situação regularizados. Mas a verdade é que tudo isso ocorre, porque há casos de instituições que não fazem a sua parte.

O MEC é às vezes burocrático, às vezes lento. Mas, para mim, o dado fundamental é que o crescimento da oferta educacional foi obra do setor privado, e não do Estado. No final dos anos 1980, tínhamos 800 instituições de ensino superior no Brasil. Atualmente, elas são quase 2.500.

O aumento da oferta foi construído pelo setor privado, que tem hoje a responsabilidade de quebrar uma cultura de preconceito contra a iniciativa privada. Esse preconceito ainda perdura no Brasil, especialmente na área da educação. Na Constituição Federal, está escrito que o ensino básico será oferecido preferencialmente pelo Estado. Este, porém, não funciona e – lançando mão de uma expressão horrível em uso – fornece um "estoque" de alunos que tem péssima capacidade.

Estamos vivendo hoje um paradoxo, um encontro de dois Brasis. Como foram criadas as cotas, há um Brasil de alunos do ensino público que estão indo para as universidades mais exigentes. Um país que também tem o ProUni, que, na minha opinião, não apenas é o mais revolucionário sistema de financiamento da educação já criado pelo país em toda sua história, mas que pode ser uma ponte para o futuro. Por outro lado, temos o Brasil da elite, que faz o ensino médio em escola privada e depois vai para a universidade estatal – elitista, cara, excludente e que levou à criação da indústria dos cursinhos, nos anos 1970, 1980 e 1990, para permitir que os filhos da classe média alta brasileira entrassem na universidade pública, financiada por toda a sociedade brasileira.

Hoje, assistimos ao gradativo encontro dos dois Brasis. Vejo isso todos os dias nos corredores e nas salas de aula do Ibmec, instituição de ensino criada em 1970 com a denominação de Instituto Brasileiro de Mercado de Capitais, em que foi criado o primeiro MBA de Finanças do país, hoje presente em doze cidades com cursos de graduação, extensão e pós-graduação. Nossas escolas têm alunos negros, pobres, muito pobres, vindos de comunidades, de favelas, graças ao ProUni; alunos que muitas vezes não dispõem nem do dinheiro para comprar a passagem do trem, do metrô ou do ônibus. Recentemente, um aluno muito bom parou de cursar o semestre. Tendo observado isso, eu o chamei para conversar e saber a razão de ele ter parado. Respondeu que era por falta de dinheiro. "Mas dinheiro para quê?", perguntei. "Tu tens bolsa". Faltava o dinheiro do deslocamento casa-universidade.

É patético, porque nós não percebemos que esse é o encontro de um sistema de qualidade com um sistema que se formou muito mal. Hoje, temos que dar aulas de nivelamento em questões básicas de matemática durante um mês antes de entrar na matéria propriamente dita. Sem isso, o aluno não conseguirá acompanhar as aulas de economia ou de administração de empresas do Ibmec.

Uma leitura que recomendo muito é o livro *A grande degeneração. A decadência do mundo ocidental*, do historiador britânico Niall Ferguson, especializado em história financeira e econômica. Ele defende com muita ênfase um sistema que eu também defendo – o do "empresariamento" da educação – que todos deveríamos analisar e discutir com nossos governos estaduais. Estes são responsáveis pelo gerenciamento do sistema de educação do ensino médio no país – um sistema falido, que deveria ser modificado e que somente o cinismo brasileiro vai empurrando para a frente, porque há duas décadas discutimos isso e daqui a dez anos talvez estejamos discutindo a mesma coisa.

O sistema do empresariamento defendido por Ferguson equivale à desestatização da educação média e fundamental. Acho que temos que ter a coragem de, gradativamente, substituir o sistema atual, aproveitando a experiência do ProUni, que é o clássico *voucher* da educação.

Com o *voucher* (que vem sendo chamado também de "cheque-educação"), o Estado não é colocado para fazer o que não sabe, isto é, a gestão de instituições educacionais, relacionamento com sindicatos, corporação, greves anuais por trinta dias ou mais, custo enorme, desgoverno, absoluta falta de instrumentos internos de meritocracia e tudo o mais que já sabemos. Com o sistema de *voucher*, ficará garantido ao aluno o direito à escolha. O Estado financia e o cidadão escolhe a instituição.

Exemplo de *voucher* oferecido em Portugal para preparação de formandos em segurança do trabalho

    Isso é direito à escolha, à competição, algo que não existe no ensino básico e nem no ensino médio brasileiro. O que existe é competição restrita a uma elite, que representa 7%, 8% ou 9% da oferta. O restante é um modelo de quase monopólio estatal, sem lugar para a concorrência. Já o mesmo não acontece na educação superior, pois se criou competição com o ProUni: o Estado dá o crédito e o aluno escolhe onde vai estudar. Hoje, os alunos que mais me pressionam pela qualidade, que têm nariz empinado – e eu gosto de ver que eles estão nos diretórios e nas empresas juniores, promovendo reuniões –, são os alunos do ProUni. O melhor aluno de economia do Ibmec é do ProUni. É um curso dificílimo, mas o melhor aluno é um bolsista do ProUni.

    Como no Brasil temos 25% de pessoas abaixo da linha de pobreza, estamos desperdiçando 25% de talento brasileiro – gente que está escondida, que não consegue se desenvolver, porque criamos esse sistema que não temos coragem de mudar. Nós sabemos como fazer para mudar, e essa é a grande responsabilidade estrutural do ensino privado brasileiro e das instituições privadas de ensino. O texto do Ferguson defende essa posição, assim como eu, que defendo essa posição junto ao governo do Estado do Rio de Janeiro.

Existem alguns parâmetros que considero questões *sine qua non* do dia a dia das nossas instituições em relação ao que é qualidade, o que é uma instituição que respeita o talento e trabalha muito nesse conceito de excelência acadêmica. Não há nenhuma razão para que se perpetue no Brasil a imagem de que as instituições públicas são boas e que as instituições privadas são "mais ou menos". É preciso acabar com essa cultura.

Tenho no Ibmec um aluno de 18 anos, proveniente do ProUni, que me garante que vai ser presidente da República. Ele criou uma organização não governamental, porque quer contar para os outros alunos do ensino público do Rio de Janeiro que é possível dar a volta por cima na vida, tal como ele conseguiu. Uma frase dele que me chamou a atenção foi: "Se vocês não conseguirem entrar no Ibmec, não tem problema, tem cota na Universidade Federal e dá para entrar".

Ele tem uma crença – não uma crença teórica de filósofo da educação, mas uma crença pessoal, indestrutível – de que a educação é que vai salvá-lo. Perguntei a ele por que fazer trabalho social com apenas 18 anos. "Por que você não estuda primeiro e depois se dedica à ONG e à política?". E ele me disse que não vai "esperar ficar milionário para abrir a própria fundação". Ele tem certeza de que será milionário. E é um rapaz que dormia no banco do colégio. Ele disputou uma competição interna do Ibmec contra uma aluna cujo pai faz coleção de carros Porsche. Não sei nem qual foi o resultado, mas o pai da aluna foi assistir e gostou tanto dele que começou a pagar uma pensão para ele.

Isso é o encontro das classes sociais, dos dois Brasis. Esse encontro é fantástico, mas é a crença profunda na educação de excelência que vai nos levar a essa nossa responsabilidade de fazer melhor que o Estado. Porque, caso contrário, não vamos conseguir quebrar essa cultura brasileira de resistência à educação privada, que ainda tem essa lengalenga ideológica – presente até mesmo na Constituição.

Apresentei essa posição na Comissão de Educação do Senado. Certamente, acharam que eu era louco por defender o *voucher* da educação numa sala onde o estatismo corre solto, cheia de parlamentares que costumam esconder que criaram o ProUni. Eu não estava ali para defender a escola pública ou a particular, mas para defender que o Brasil pudesse atingir 504 pontos no Programa Internacional de Avaliação de Alunos (Pisa), que é a pontuação dos Estados Unidos, e não como a da Albânia (Ver Boxe). Perguntei se alguém ali punha o filho em escola pública para fazer o ensino fundamental e o ensino médio: "Os senhores defendem escola pública para os outros, mas não para os seus filhos?".

Na verdade, criou-se no Brasil um *apartheid* educacional, e as projeções para o crescimento da qualidade do ensino são cínicas, feitas para daqui a dez ou vinte anos. Vamos perder uma geração inteira, vamos perder o bônus demográfico brasileiro, e o Brasil vai cair na armadilha da chamada "renda média": o país superou a pobreza absoluta, mas não deu o grande salto, ao contrário do que fez a Coreia. Não vamos educar toda uma geração porque apostamos em uma ideologia fracassada, falida, que sustenta esse tipo de regime.

No Ibmec, apostamos em coisas muito simples. Primeiramente, colocamos em prática o conceito de competição, o que significa direitos iguais para todos. Todos os alunos têm as mesmas condições: nós temos *teacher assistant*, aulas de reforço, aula digital, mas tem competição. Além disso, adotamos um sistema real de meritocracia dentro da instituição: todo final de semestre, premiamos os 10 melhores alunos de cada curso. Do primeiro ao quinto colocados, os alunos ganham 30% de desconto na mensalidade do semestre seguinte; do sexto ao décimo lugares, eles ganham 15%.

Nós afixamos a lista desses alunos no elevador e em todos os corredores. Uma pedagoga talvez não aprove, poderá argumentar que o aluno vai ficar traumatizado por não ter entrado na lista, precisará fazer psicanálise, vai se suicidar... Mas o fato é que ninguém se matou até agora e nem a psicóloga do Ibmec registrou nenhum caso de aluno deprimido por seu nome não ter aparecido na lista. Pelo contrário, os alunos andam pelos corredores dizendo que vão chegar lá. Quem é *top ten* do Ibmec tem namorada. Imagine só: o aluno diz que é *top ten* e arruma namorada!

Tudo isso cria uma cultura, que não se produz em um semestre, mas ao longo de cinco, seis anos fazendo a mesma coisa: fazemos uma cerimônia, oferecemos um *brunch* e entregamos um certificado e uma mochila. Tem aluno que já tem coleção de mochila, além do desconto, que não é pouca coisa. Eu a cada semestre que todos os alunos no Ibmec são iguais e por isso podem concorrer de novo. Porque meritocracia é assim: direitos iguais para todos, mas com competição, onde o talento é que dá o diferencial.

Quanto aos professores, eu digo sempre que talento existe no aluno e no professor. Todas as instituições dizem que têm os melhores professores, mas o que são os melhores professores? Em primeiro lugar, não acredito em instituição que não faça seleção competitiva para docentes. Nós selecionamos os professores por editais, mesmo os horistas. Edital não é para fazer burocracia, é realmente um processo de *searching*, de *headhunting*, porque nós temos que buscar talentos. O professor que entra por processo seletivo tem que fazer entrevista, dar uma aula, apresentar um seminário, tem que pensar. Ele entra com outro estilo, respeitando a instituição, porque sabe que todos que entraram ali foram selecionados da mesma forma. É um orgulho para ele ter sido selecionado.

Eu não consigo pensar em uma instituição que não tenha orgulho de sua própria excelência. E para saber como está uma instituição, basta ver como é a conversa na sala do cafezinho dos professores: as pessoas adoram falar mal do coordenador, do diretor... Se você faz um processo de seleção realmente qualificado, e oferece um conceito de excelência já na entrada, você muda essa conversa.

Temos que premiar a excelência, e cada instituição tem que descobrir de que maneira vai fazer isso. No Ibmec, criamos um sistema em que financiamos pós-doutorado no exterior. Damos um semestre sabático e o professor vai fazer seu doutorado. Evidentemente, existem limites com relação ao aspecto financeiro e cada instituição sabe da sua capacidade de investir. Mas essa é uma maneira de selecionar, de premiar, porque uma coisa é aprender inglês em um curso no Brasil, outra muito diferente é passar um semestre ou dois fazendo um curso de pós-doutoramento, ou mesmo um doutorado, no exterior. Isso não é caro, e é um estímulo fantástico.

Nós também definimos claramente o que queremos de cada professor. Quando um executivo entra em uma organização, a empresa define claramente o que quer dele: o foco, as metas, os valores. Mas as nossas empresas educacionais não costumam oferecer uma definição clara do que consideram excelência acadêmica, de que maneira querem que o professor se comporte, dê aula ou expresse sua produção intelectual. Nós temos, no Ibmec, o que chamamos de "Nove Critérios de Excelência Acadêmica". Juntamos os professores e mostramos: é isso que temos definido e que esperamos de vocês. E o professor é premiado, assim como os alunos, com uma série de instâncias, em razão dos resultados que obtêm.

Há um critério ético, que vem das grandes religiões, como o cristianismo: trate os outros como você gostaria de ser tratado. Por esse critério, devemos agir de maneira que possa se tornar regra para todos, tratando as pessoas com igualdade.

PISA, UMA AVALIAÇÃO INTERNACIONAL

O Programa Internacional de Avaliação de Alunos (Pisa) é uma ferramenta destinada a medir o nível educacional de jovens de 15 anos por meio de provas de Leitura, Matemática e Ciências. Seu objetivo principal é produzir indicadores que possam contribuir, dentro e fora dos países participantes, para a discussão da qualidade da educação básica e subsidiar políticas nacionais de melhoria da educação

O exame é realizado a cada três anos sob a égide da Organização para Cooperação e Desenvolvimento Econômico (OCDE), entidade formada por governos de 34 países que têm como princípios a democracia e a economia de mercado. No entanto, outros países podem participar da avaliação a convite, como é o caso do Brasil, que apresenta seus resultados para o chamado de "Enem internacional" desde sua primeira versão em 2000, com dados reunidos por meio de provas promovidas em todo o país pelo Instituto Nacional de Estudos e Pesquisas Educacionais Anísio Teixeira (Inep).

Nós dirigimos instituições complexas. Tratamos com pessoas muito inteligentes, que, por viverem em um capitalismo flexível, dão aulas em vários lugares e têm muitas oportunidades. São pessoas que questionam, exatamente porque são inteligentes, formadas e bem educadas. Essas pessoas não funcionarão apenas com base em regras ou normas. Ou nós construímos instituições nas quais os valores penetrem e prevaleçam, que sejam cooperativas na competição e nas quais as pessoas se convençam do que é excelência, do que elas devem oferecer e do que esperamos delas, ou teremos grande dificuldade para fazê-las funcionar.

Nenhuma instituição quebra de uma hora para outra – ela vai quebrando aos poucos. Sem os pequenos procedimentos, os pequenos compromissos, as pequenas exigências de qualidade, nós vamos relaxando. E o resultado disso vai desde o professor que chega atrasado até aquele que não faz a chamada; desde o professor que relaxa na prova, até aquele que deixa o celular ligado e dá cola. Isso segue até que finalmente os processos se degeneram na instituição.

Nossa responsabilidade é fazer por nossa conta, sem esperar que o MEC venha exigir qualidade. É isso que eu gostaria de ouvir nos próximos dez ou vinte anos: que o setor privado de educação no Brasil finalmente fez sua tarefa, quebrou a cultura que persistem em afirmar que o setor estatal é melhor. Essa é a nossa grande responsabilidade.

RESULTADOS BRASILEIROS

	PISA 2000	PISA 2003	PISA 2006	PISA 2009	PISA 2012
Ciências	375	390	390	405	405
Leitura	396	403	393	412	410
Matemática	334	356	370	386	391

Fonte: Inep / OECD

CAPÍTULO 9

DESENVOLVIMENTO ÉTICO E RESPONSABILIDADE

Henrique Luís Sá

Em relação ao desenvolvimento de talentos no ensino superior, alguns estudos têm mostrado o que impacta na aquisição de competitividade para as nossas instituições e de que forma podemos potencializar e reforçar o seu papel rumo ao desenvolvimento dos talentos. Ao abordar a questão do desenvolvimento ético e sua relação com a competitividade, devemos refletir sobre como isso pode assegurar, em um universo de tamanha concorrência como o do ensino superior, o melhor desenvolvimento holístico dos alunos e das instituições, sem esquecer o dos nossos professores e colaboradores. Naturalmente, o pano de fundo dessa reflexão é a questão da sobrevivência das instituições e das pessoas.

A instituição em que trabalho foi fundada por um empresário. Trata-se de uma fundação sem fins lucrativos, a Universidade de Fortaleza, que já tem 40 anos e uma história de liderança no meio educacional do Ceará e do Nordeste. Não posso deixar de destacar minha retaguarda, que é minha formação como médico, além de educador. Essas duas instâncias filtram meu olhar e têm forte influência quando se trata de desenvolvimento ético.

A primeira coisa que me vem à cabeça ao abordar essa questão é uma frase da Bíblia, que aparece logo após a parábola dos talentos. Está em Mateus (25:35) e diz: "Eu era um forasteiro e você tomou conta de mim". Nesse momento, que é o do Juízo Final, Jesus separa os bons dos maus, justificando: "Vinde, benditos, de meu Pai, recebei por herança o Reino (...). Pois tive fome e me destes de comer. Tive sede e me destes de beber. Era forasteiro e me recolhestes", conforme a versão da Bíblia de Jerusalém. A meu ver, essa frase resgata a responsabilidade que o ensino superior tem em relação ao desenvolvimento global da pessoa.

Até que ponto temos tomado conta dos nossos alunos, professores e colaboradores? Digo isso do ponto de vista da mente institucional, que agrega visões, sonhos, ideias, perspectivas, interesses, ética e uma série de valores que estão em cada um de nós, mas também compõem o *ethos* institucional, na medida em que participamos dessa mesma instituição? Essa não é uma tarefa simples. As imagens muito recentes do país que está indo às ruas protestar desde as Manifestações ou Jornadas de Junho, ocorridas a partir de 2013, estão nas nossas cabeças e fazem parte da nossa preocupação. Muitas das pessoas que estão indo às ruas são jovens; talvez a grande maioria seja de alunos nossos ou egressos das nossas instituições. E as manifestações tanto servem para reclamar e exigir ética como também para que algumas pessoas atuem como vândalos. São os mesmos indivíduos, e podem ser nossos alunos.

Como lidar com essa geração que está inconformada com a situação política, econômica e ética do nosso país? Como trazer para dentro da sala de aula esse discurso, essa inquietação pela mudança, pela transformação?

Todo início de semestre, na minha universidade, lido com a questão do trote. A instituição proíbe o uso de álcool dentro do *campus* e negocia com as entidades estudantis e com os veteranos, mas é sempre uma aflição, porque, eventualmente, tudo pode sair do controle. Não se trata de um ou outro que assume a responsabilidade, mas da instituição. E tenho exemplos muito recentes de instituições que estão sendo processadas por alunos por terem anuído de alguma forma com a questão do trote.

Falar da rua, da passeata é uma coisa, mas lidar com isso dentro da instituição é algo bem diferente. A questão da cola é outro exemplo. Como devemos lidar com isso? Fazemos de conta que a cola não existe, jogamos a bola para o professor e ele que tome conta? Ou admitimos que a cola existe e intervimos com mecanismos de controle às vezes questionáveis? É muito complicado.

Quando penso em ética, lembro-me daquela história do chefe que reúne um grupo de especialistas e pede que apresentem outra perspectiva, outra visão para o entendimento de "5 mais 5". O advogado levanta a mão e diz: "Até 4 ou 6 pontos, a gente dá um jeito, encaminha para os embargos infringentes e resolve o problema". O economista diz: "O centro da minha meta é 7,5. Considerando os três últimos trimestres, acredito que vamos estar em torno de 8,5, mas, até o ano que vem, asseguro que vamos chegar 9". E o contador diz: "Quanto é que o senhor quer que dê essa conta?".

Alguém tem alguma dúvida de que esse universo está presente nas nossas salas de aula? Quando estamos discutindo a formação de bacharéis em Direito, economistas, advogados, juristas, contadores, médicos, pedagogos, esse currículo oculto, que de alguma forma permeia o universo das profissões e das práticas acadêmicas e profissionais, está ali presente A questão é como discutir e controlar isso ou como traduzir essa apreensão de forma a influenciar a formação e o desenvolvimento ético dos nossos alunos.

Não é só uma responsabilidade pedagógica, porque isso interfere diretamente na nossa imagem institucional. Não é por outro motivo que grandes empresas estão preocupadas com essa questão. Há bancos, indústrias e outras organizações procurando trabalhar aspectos como responsabilidade social e ética – e não só internamente, mas também para vender e apresentar uma imagem significativa para seus clientes e consumidores. Por que não a instituição de ensino superior? É usual trabalharmos aspectos que estão no nosso *campus*, no nosso currículo e no nosso corpo docente.

Existem empresas cujas mensagens, que mudam comportamentos e atitudes das pessoas, não se dirigem para "o quê", mas para o "como". É o caso da Apple, que, em vez de dizer que tem o melhor aparelho, diz que tem o melhor *design*. A mensagem da Apple é: "Eu quero transformar sua vida de modo a torná-la mais simples, mais fácil, mais acessível, mais conectável, é por isso que tenho um bom *design*; assim, tenho o melhor *smartphone*. Você quer comprar?".

É interessante perceber que os grandes líderes da humanidade – de Martin Luther King a Gandhi, de Madre Tereza de Calcutá a Paulo Freire –, para atingir um pouco mais fundo as pessoas, a ponto de movê-las para a mudança, fixaram-se no "como" e não em "o quê". "Eu tenho um sonho", disse Martin Luther King, e as pessoas se identificaram com aquele sonho e por isso mudaram.

Será que estamos traduzindo essa imagem do "como somos" para reter e fidelizar os melhores professores e, consequentemente, os melhores alunos? Essa é uma visão que alguns estudiosos desenvolveram, a exemplo do já falecido Lawrence Kohlberg, considerado um dos 50 mais importantes psicólogos do século XX. Ele foi professor em Harvard e na Universidade de Chicago e sua teoria está associada a como se dá a promoção moral nas pessoas, particularmente em estudantes de nível médio e superior.

A ideia principal da Teoria de Desenvolvimento Moral de Kholberg, que trabalha com seis estágios, é que desde pequenos nós tendemos a ascender do estágio de desenvolvimento moral primário, que começa em um nível pré-convencional, dentro de casa, e passamos a agir e reagir perante limites e imposições de nossos pais, desenvolvendo a noção do que é certo e do que é errado. À medida que amadurecemos nossas instâncias cognitivas, esses processos se dão de modo mais complexo, num nível que ele chama de "convencional", até que no ultimo estágio, o nível pós-convencional, os princípios universais determinam as ações sociais e as ações individuais.

Segundo Kholberg, não é necessário haver normas *a priori*, porque essas normas são universais e baseadas em princípios que, quando são feridos, levam as pessoas e a sociedade a automaticamente se reorientar para preservá-los, independentemente das normas, porque os princípios são mais importantes, mais essenciais e mais nobres, do ponto de vista do desenvolvimento.

É muito interessante essa teoria, pois aponta para alguns elementos importantes. Primeiramente, segundo Kholberg, as pessoas podem voltar atrás, podem regredir do ponto de vista de seus princípios. Então, é possível que um aluno entre na nossa universidade e a instituição favoreça seu desenvolvimento positivamente, assim como também é possível que ele regrida em relação a determinados elementos morais. O professor da minha universidade promove o desenvolvimento moral em sala de aula, mas também é possível que as intervenções que fazemos – ou deixamos de fazer – na instituição influenciem no sentido oposto. Temos significativo papel em relação a tudo isso. Portanto, precisamos ter clara noção de como os talentos podem ser desenvolvidos, especialmente se considerarmos os aspectos éticos, e de que forma isso assegura a competitividade institucional.

Há menos de uma década – em 2005, para ser exato –, dois autores norte-americanos, Richard H. Hensch e Carol G. Schneider, publicaram na revista *Liberal Education* um artigo de grande repercussão, *"Fostering Personal & Social Responsibility on College & University Campuses"* (literalmente, "Promovendo a responsabilidade pessoal e social nos *campi* de faculdades e universidades"). Ecoando a preocupação generalizada com a deterioração de valores entre os jovens nos EUA, os autores citaram as cinco metas para a mudança, articuladas pela Association of American Colleges and Universities (AAC&U) em conjunto com a Templeton Foundation, durante seminário sobre moral e desenvolvimento de caráter realizado por essas entidades em novembro de 2004. São elas:

1. buscar a excelência, desenvolvendo o trabalho de forma ética e consciente para fazer o melhor em todos os aspectos na instituição;
2. agir com senso de integridade pessoal e acadêmica, alcançando desde a honestidade nos relacionamentos até o engajamento com base em princípios, conformando um código de honra acadêmico;
3. assumir a responsabilidade de contribuir para o estabelecimento de uma comunidade maior, com interesses superiores, incluindo o grupo educacional (sala de aula, vida no *campus* etc.) e a sociedade;
4. reconhecer e levar a sério o ponto de vista dos outros e agir nesse sentido sempre que for questão de formular um julgamento, considerando a perspectiva dos outros como uma fonte de aprendizado tanto da cidadania quanto do trabalho;
5. desenvolver competência no raciocínio ético e moral, usando tal modo de pensar no aprendizado e na vida.

Os aspectos em torno da questão da excelência foram abordados por Brent D. Ruben no livro *Pursuing Excellence in Higher Education* ("Buscando a excelência na educação superior"), ainda inédito no Brasil. Diretor do Centro de Desenvolvimento Organizacional e Liderança da Rutgers University, onde ensina comunicação e psicologia organizacional, Ruben define excelência, sob o ponto de vista institucional e acadêmico, em oito princípios relativamente simples de entender, mas nada fáceis de praticar.

1. abrir o trabalho da instituição ao julgamento da comunidade;
2. ampliar nossa compreensão das necessidades do mercado de trabalho;
3. transformar-nos em organizações de aprendizado realmente efetivas;
4. integrar avaliação, planejamento e melhoramento;
5. amplificar a colaboração com a comunidade (responsabilidade social);
6. reconhecer que, na instituição, todos ensinam, todos são professores (o aluno está no centro de tudo);
7. conceder mais atenção e recursos à formação de lideranças;
8. formular de modo sempre mais amplo nossa visão de excelência.

A universidade, nesse caso, tem que estar atenta para o que a comunidade fala dela e de que forma espera uma posição institucional em relação a suas necessidades. O mesmo vale para a necessidade de perceber as demandas do mundo do trabalho e de nos aproximar um pouco mais das exigências e dos desejos desse ente a que chamamos "mercado". Mas isso vale para tudo, para todos os serviços e instituições aos quais a nossa ação acadêmica está destinada, seja na pesquisa, seja na extensão ou na formação de pessoas

Assim como destaca a importância de a organização se posicionar para o aprendizado permanente, colocando-se organicamente em processo de transformação e mudança, Ruben coloca a necessidade de articular planejamento e avaliação e transformá-los em ações de melhoria cotidianas. Nesse ponto, é muito fácil perceber que, os modelos de planejamento estratégico das instituições muitas vezes estão distantes da operação do dia a dia, seja no atendimento no balcão, seja no *call center* ou na forma como o jardineiro cuida do jardim. Nosso planejamento, nosso projeto institucional, repercute na ação daquele trabalhador, na ação da atendente do *call center*, nas pequenas operações que podem fazer enorme diferença em relação à excelência.

No que diz respeito ao princípio do item 5, que se refere à responsabilidade social, gostaria de reforçar este componente um pouco mais adiante.

Estudos têm apontado que o desenvolvimento moral e ético tem o poder de contribuir para a excelência das instituições. Como na história do contador que faz a conta conforme o desígnio do chefe, narrada anteriormente, é possível atuar de diversas formas. Lembro, a esse propósito, como os norte-americanos ficaram preocupados com o episódio batizado de Escândalo da Enron pela imprensa.

A gigante do setor energético, sétima empresa dos EUA em tamanho, era administrada à base de maquiagem contábil e foi à falência quando não conseguiu mais esconder sua verdadeira situação financeira – derrocada que teve início em dezembro de 2001, quando a empresa pediu concordata. Os vários abusos institucionais ocorridos foram cometidos por altos executivos, que agiram contra os interesses da sociedade norte-americana, e envolveram várias empresas que prestavam serviços à Enron, como a firma de auditoria Arthur Andersen, bancos, instituições financeiras e alguns escritórios de advocacia. Esse e outros escândalos financeiros corporativos deram origem nos EUA à Lei Sarbanes-Oxley, de junho de 2002, que dispõe sobre mecanismos de prevenção de fraudes nas empresas, mas, apesar disso, até hoje ainda são alvo de preocupação. Imagine para nós, aqui no Brasil como seria importante discutirmos temas como esse nas nossas disciplinas e nos nossos currículos.

Voltando aos estudos relativos à questão do desenvolvimento moral e ético. Os principais elementos que se depreendem desses estudos dão conta de quatro hipóteses para tal desenvolvimento. A primeira é que nós, educadores, seja no papel de gestores, seja como professores em sala de aula ou em ambiente de prática, podemos influenciar o desenvolvimento moral e ético. É possível impactar a trajetória de formação dos nossos estudantes e mensurar o impacto das nossas ações. Existem recursos para isso.

A segunda hipótese é que, se existe de fato esse desenvolvimento, sua influência se aplica não só ao julgamento moral, mas à conduta. Eu, por exemplo, aplico em sala de aula um determinado instrumento e sei se a visão do aluno é eticamente elevada. Também posso saber se a visão dele tem repercussão importante, que vá impactar a conduta moral e as ações, embora essa mensuração seja um pouco mais complicada. As demais hipóteses são que esse desenvolvimento é persistente, e que ele tem impacto na imagem e na competitividade institucional.

Como devo trabalhar em sala de aula, por exemplo, a atitude de um médico perante o paciente? Como infiro e faço a previsão de que aquele desempenho vai continuar quando o aluno for trabalhar nas unidades de saúde, nos hospitais, nas clínicas e no consultório? Acredito que é possível antever isso, de alguma forma, se tivermos consistência entre o discurso e a prática. O modelo institucional é fundamental e respalda o professor na sala de aula.

O que é interessante entender é que é possível aprofundar o desenvolvimento moral dos nossos alunos e estimar se essa mudança em seu comportamento ético e moral poderá persistir depois do curso. Se conseguirmos desenvolver mecanismos de transformação de atitudes durante a formação acadêmica, é possível que isso tenha impacto no futuro, na vida profissional. Mas como desenvolver isso? Que recursos as instituições podem ter para trabalhar um pouco melhor isso?

É notável, em termo de promover esse desenvolvimento, o impacto da inserção precoce do aluno nos ambientes de prática através de experiências profissionais. A ideia é que desde cedo ele vivencie esses ambientes em um processo decrescente de supervisão e discussão do professor – no inicio, o professor dirige mais, é presença constante; nos últimos semestres, ele apenas acompanha e orienta, mas não intervém diretamente na ação do aluno. Nas nossas instâncias curriculares, quanto mais cedo pudermos inserir os alunos no ambiente de prática, no mercado, nos espaços de estágios, mais rapidamente teremos esse aluno em fases de desenvolvimento mais complexas.

As atividades voluntárias dentro e fora do *campus* também são um recurso valioso. O voluntariado é trabalhado muitas vezes como uma forma de prestação de contas das instituições frente à sociedade. Precisamos entender essa atividade como mecanismo de sobrevivência institucional, porque muda nossa imagem não só externamente, mas também internamente, reforçando como o nosso colaborador, o nosso professor e os nossos alunos nos veem. Isso depende muito de como a instituição se coloca em relação a ações de responsabilidade social.

Aqui, é preciso enfatizar a importância fundamental de rever nossos critérios de avaliação, seleção, promoção etc. A questão da responsabilidade social exige isso. Não adianta uma instituição dizer que tem postura de compromisso ético, práticas comunitárias e responsabilidade social se, ao selecionar um professor, a única coisa que considera é o título, sem checar se ele tem experiências efetivas nesse nível. É fundamental a coerência, e a avaliação é um recurso muito significativo, porque orienta a aprendizagem. Se eu digo que é importante que o aluno apresente posturas éticas, como avaliar isso caso eu me restrinja ao teste escrito? Como avalio comportamentos éticos? Como respondo de maneira apropriada a comportamentos antiéticos? Qual é minha mensagem se, quando meu aluno destrata meu professor, eu deixo passar ou até sou capaz de demitir o professor? Na verdade, com isso, está sendo comprometida toda a visão institucional do que seja importante e valorizável dentro de um processo de formação.

A norma internacional ISO 26000 – Diretrizes sobre a Responsabilidade Social, publicada em 2010 pela Organização

Internacional de Normalização (ISO na sigla em inglês), aponta sete dimensões ou assuntos-chaves dessa prática (ver figura). A norma fornece orientações para todos os tipos de organização, independentemente de porte ou localização, e é de adoção voluntária. Eu a adaptei de acordo com o que compreendo como a lógica da responsabilidade social com foco corporativo, considerando o papel e a missão de uma instituição de ensino superior. Será fácil perceber que, embora muitas instituições pratiquem esses conceitos, precisamos fazer isso de forma orgânica, proativa, que seja incorporada ao DNA da nossa instituição como um elemento de sobrevivência.

Na minha visão, a responsabilidade social corporativa de uma IES passa por questões como a satisfação de clientes e consumidores, que é a responsabilidade social da instituição para com seus alunos. Também são evidentes a necessidade de sinergia com parceiros e o compromisso com o desenvolvimento comunitário, assim como com a preservação do meio ambiente. O investimento nas pessoas dentro da própria organização e a promoção de lideranças são também responsabilidades que nos cabem. É indispensável ainda uma comunicação que seja transparente, ética e que transmita efetivamente a mensagem – o já mencionado "como". Isso para que a instituição mostre não só que oferece um bom *campus*, que distribui um bom diploma, mas também como ela faz isso e quem está por trás da organização, traduzindo tudo aquilo em realidade. Finalmente, para as instituições que têm mantenedores e acionistas, um retorno ético e transparente para esses atores corporativos é peça central para o desenvolvimento delas.

A questão da competitividade, dos talentos e da ética no ensino superior é um tema extremamente excitante, bastante complexo, muito profundo e amplo. Mas quero finalizar com a visão de que o desenvolvimento de talentos com ética e competitividade não passa apenas por mecanismos e processos em que formamos pessoas, professores e alunos. Ele passa essencialmente pela mudança na forma como nós, as instituições de ensino superior, nos consideramos e nos vemos no espelho. É importante saber muito bem quem somos e qual é, de fato, a nossa face, para podermoss apresentá-la à comunidade, bem como aos nossos gestores, colaboradores e alunos.

RESPONSABILIDADE SOCIAL – 7 DIMENSÕES ESSENCIAIS

- Questões do consumidor
- Práticas operacionais justas
- Governança organizacional
- Interdependência
- Meio ambiente
- Práticas trabalhistas
- Direitos humanos
- Abordagem holística
- Envolvimento e desenvolvimento da comunidade

ORGANIZAÇÃO

CAPÍTULO 10

GANHAR O JOGO NO MERCADO EDUCACIONAL

Carlos Alberto Filgueiras

O objetivo deste texto é estabelecer um paralelo entre as instituições educacionais e as empresas no Brasil, de modo a apresentar as várias estratégias possíveis para o desenvolvimento do setor de educação. Trabalhamos a partir de um exemplo: o do grupo DeVry, abordando o que ele fez para ganhar o jogo nesse mercado.

A DeVry é um grupo educacional norte-americano com sede em Chicago. Foi o primeiro na área de educação em todo o mundo a lançar-se em Bolsa mediante IPO – do inglês *Initial Public Offering*, ou oferta pública inicial de ações. Trata-se de um empreendimento grande, que forma 5% de todos os médicos nos Estados Unidos, tem 80 anos de história, faturamento anual de US$ 2 bilhões e oito marcas sob seu controle, entre elas, DeVry Universe, Ross, AUC, Keller, Chamberlain. A DeVry Brasil, que é uma delas, começou sua expansão no país pelo Nordeste. Temos sede em Fortaleza (CE) e nosso foco é estar entre as melhores faculdades de cada cidade onde atuamos no Brasil, a saber: Salvador (BA), João Pessoa (PB), Teresina (PI), Recife e Caruaru (PE), além de Fortaleza.

Para ganhar o jogo no mercado educacional, existem vários caminhos, e não uma única resposta certa. Jack Welch, que foi presidente da General Motors e escreveu vários livros sobre gestão corporativa, aponta em um deles 76 fatores críticos para o sucesso. No entanto, diz que estratégia é algo muito simples: "Você escolhe uma direção (...) e implementa como um louco". Outra coisa que fala sobre estratégia diz respeito à importância de definir o que você não é – um ponto no qual quase todo mundo tropeça. Segundo Welch, além de implementar como um louco, é preciso também fazer escolhas claras sobre como competir. Para ele, "você não pode ser tudo para todos, não importa o tamanho do seu negócio ou quão profundo seja o seu bolso". Existe dentro de nós uma vontade de ser tudo para todos, mas isso significa perder sua identidade.

Podemos definir o ensino superior brasileiro em quatro fases: concessão, expansão, gestão e diferenciação. A fase de concessão vai até 1997 e, embora nunca tenha havido de fato concessão, eu a chamo assim porque era um momento em que muitos queriam ter faculdade, poucos tinham e havia muita demanda e pouca oferta. Entre 1997 e 2004, quem ganhava o jogo era quem tinha expansão mais rápida, quem lançava curso e conseguia expandir mais rapidamente. Isso continua assim, mas a desaceleração levou-nos a viver, a partir de 2013, um momento de concorrência e consolidação. Com isso, o diferencial dessa fase passou a ser a gestão: ganha quem tem governança corporativa e bons executivos tomando as decisões.

Muitos setores já eram assim. O setor educacional, porém, talvez pela dinâmica regulatória, ficou um pouco para trás. Agora, estamos num momento em que a gestão se tornou pré-requisito e, portanto, o novo desafio é a diferenciação.

Vamos recorrer a dois exemplos para situar a questão. Na indústria farmacêutica, alguém pergunta qual laboratório tem a melhor gestão? E no setor bancário? Você não escolhe um banco pela gestão, não é mesmo? O fato é que levamos em conta muito mais o produto ou os serviços que eles oferecem. Então, vamos ultrapassar essa fase recente da gestão.

Atualmente, as instituições de ensino superior estão, em geral, com as contas equilibradas e gerindo bem seu empreendimento. Disso eu não tenho dúvida. Assim, se estamos iguais, como posso ser percebido, como eu me posiciono, como jogo esse jogo?

Há três formas de ganhar o jogo que são clássicas:
1. ter o menor custo;
2. ter o melhor produto
3. ter o melhor serviço ou a melhor solução total.

3 FORMAS DE GANHAR O JOGO

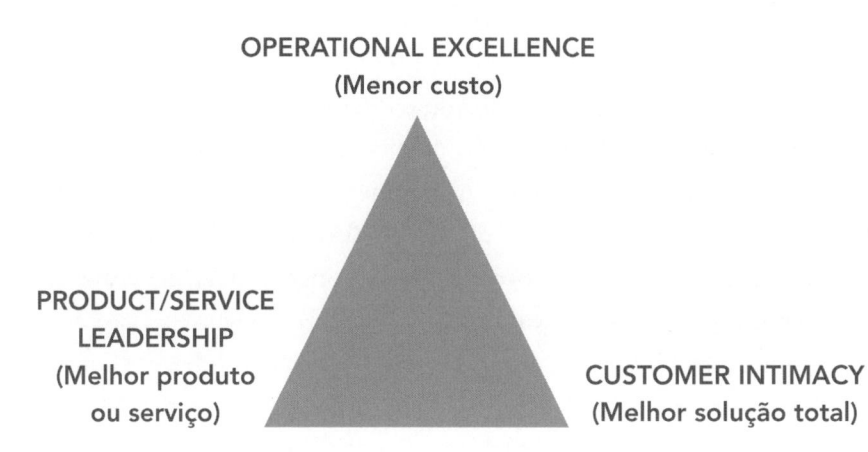

OPERATIONAL EXCELLENCE
(Menor custo)

PRODUCT/SERVICE LEADERSHIP
(Melhor produto ou serviço)

CUSTOMER INTIMACY
(Melhor solução total)

Um exemplo de estratégia de menor custo é a Wal-Mart, que é a maior empresa do mundo em seu segmento e faturou US$ 466 bilhões em 2012. Não é a empresa mais valiosa do mundo, mas a maior. A Wal-Mart adotou a estratégia de começar em cidades pequenas, que não dispunham de hipermercado, com preço baixo garantido e rumando depois para os grandes centros, onde existe mais oferta desse tipo de loja.

Como viabilizar isso? A Wal-Mart investiu muito em tecnologia, porque, para gerir lojas muito grandes, é preciso ter o giro de estoque sob controle. Foi um dos primeiros grupos a falar em controle de estoque em tempo real e sobre como gerenciar isso nas lojas. Por outro lado, a empresa também passou a operar com grande velocidade, de modo que, conquistando escala, pudesse negociar custos e garantir o melhor preço para o consumidor.

Se formos falar da melhor solução total, que pressupõe conhecer bem o cliente, um bom exemplo é a Amazon, que iniciou atividades como livraria digital e depois aumentou significativamente o leque de produtos oferecidos. À medida que a pessoa vai comprando, a Amazon tenta entender que tipo de produto o cliente consome ou o que ele costuma procurar e tenta induzir o consumidor a adquirir produtos que tenham relação com o perfil construído a partir do histórico de consumo e pesquisa de cada um. A empresa também usa tecnologia, e isso no meio digital está ficando muito forte para tentar atender às necessidades do cliente.

Há outros exemplos. Antigamente, a American Express, que é uma empresa de cartão de crédito, tratava seu cliente de forma especial. Hoje, eu diria que a concorrência nesse ramo está um pouco mais equilibrada. A Netflix, empresa que oferece serviço de TV por internet, também tenta entender o cliente. Se ele gosta de um filme e dá uma nota, ela começa a sugerir filmes com base no histórico da experiência do assinante. Os algoritmos por trás disso são sofisticadíssimos.

Quanto ao melhor produto ou serviço, um excelente exemplo de estratégia é a da Apple, que difundiu o computador pessoal e se dedica a projetar e comercializar softwares e produtos eletrônicos. Ainda se pergunta qual será o futuro dela após a morte de seu presidente e cofundador Steve Jobs em outubro de 2011. A empresa é a mais valiosa do mundo. Mas, quando ela lançou o primeiro *iPod*, foi uma ruptura brutal. Quando lançou o *iPhone*, foi outra ruptura brutal. Essa empresa sempre conseguiu inovar de maneira muito arrojada. Hoje, eu diria que a concorrência chegou – a coreana Samsung está se aproximando.

Como alinhar a estratégia e criar uma organização voltada para sua missão? Começando pelo meio ambiente. É preciso saber como é o ambiente competitivo, como é a concorrência. A partir disso, você escolhe uma estratégia. Para ganhar o jogo com a estratégia escolhida, existem algumas funções que é preciso cumprir muito bem. Pré-requisito para isso é definir uma cultura na organização e estabelecer quais são os valores dessa cultura. A partir daí, a tarefa consiste em escolher pessoas que tenham alinhamento com aquela cultura.

Um bom exemplo desse processo de alinhamento da estratégia é a SouthWest Airlines. Essa empresa aérea norte-americana completou, em 2012, 40 anos consecutivos de lucro em um mercado extremamente complicado, com muita regulação, e que exige um brutal investimento em ativos.

Só para comparar, existem duas companhias aéreas no Brasil que têm 80% do mercado e ambas tiveram prejuízos milionários. Então, a SouthWest Airlines decide fazer uma coisa diferente: manter preços baixos, tratar bem os funcionários e empenhar-se em gerenciar a empresa em tempos de vacas gordas, com um olho nos tempos de vacas magras que inevitavelmente virão. Foi assim que eles inventaram o conceito de *low cost e low fare* (custo baixo, preço baixo), que depois todo mundo copiou.

Mas como vou fazer para ter baixo custo? Primeiro: rota de alta demanda. Só quero rotas que tenham muitos passageiros. Segundo: avião padronizado. Quebrou uma peça da turbina, é fácil trocar, porque todos eles são iguais. Terceiro: *pit stop*. O avião parou, vou fazer esse avião decolar de novo muito rapidamente. Para isso, preciso dispor de colaboradores na ponta que consigam tomar decisões em alta velocidade também. Então, é preciso dar autonomia na ponta para que se busquem as soluções. Além disso, o consumidor quer pagar pouco, porque esse segmento é muito concorrido. Para enfrentar esse desafio, a questão é engajar os colaboradores e fortalecer o sentimento de compromisso. Criar um ambiente familiar, em que as pessoas se relacionem entre si. Encorajar parentes a também trabalhar na empresa e instigar essas pessoas a estarem juntas no final de semana, em churrascos, visitas à casa de amigos, criando um ambiente dentro da organização em que as pessoas serão apaixonadas. Afinal, é a família delas.

Imagine uma pessoa que trabalha dentro de um avião e passa a vida fora de casa. A SouthWest Airlines conseguiu criar isso e todo um sistema de recursos humanos para contratar pessoas alinhadas com esse pensamento. Isso se chama "alinhamento", cuja principal beleza é a seguinte: quando você implanta essa estratégia, não há dinheiro que compre uma organização com missão tão disseminada em seu interior. O sistema de recursos humanos não é replicado com dinheiro, e isso torna a vantagem competitiva sustentável.

Qual a dificuldade do segmento educacional superior em relação a tentar nos diferenciar e bolar estratégias? O grande perigo é o clichê. Com todo respeito pelos que inventaram as propagandas do setor e inovaram ao colocá-las no ar, vemos que o que aconteceu com os comerciais e posicionamentos institucionais do setor foi uma anulação, porque a concorrência imitou.

Tenho certeza de que todos já fizemos propaganda com estudantes felizes, depoimentos de celebridades, jovens executivos, aval de empresários, beca e diploma. Então, mesmo que esses conteúdos sejam verdadeiros, na prática, quando muitos fazem a mesma coisa - isto é, anular a sua estratégia. Esse é um ponto importante para reflexão quando pensamos em diferenciação: é preciso fazer uma coisa diferente, difícil de ser imitada e que tenha muito a ver com a instituição.

Outra coisa de que não podemos nos esquecer é que não é só promoção. É preciso pensar, principalmente, no posicionamento: a forma como a instituição vai vender e como vai fazer a propaganda são decorrência do posicionamento. A instituição não contrata uma agência e lhe pergunta qual história deve contar. É exatamente o contrário. A Instituição indica: "A minha empresa é assim e quero contar tal história. Criem um filme para contar essa história". É diferente essa maneira de abordar e de se apresentar para o mercado.

Vejo também muita inconsistência. Nosso segmento permite isso, porque ainda não estamos na fase avançada de *branding* (construção de marca) em comparação com outros segmentos. No curto prazo, acho que os exemplos que apresento não são ameaças para as instituições. Mas, a médio e longo prazo, acredito que serão.

Por exemplo, há uma instituição *premium*, que começa a oferecer MBA no Brasil inteiro, uma nova maneira de fazer educação. A instituição tem que crescer em escala sem perder qualidade, o que é um desafio imenso. Sabemos que, quando se busca um mercado de segmento, o desafio é maior do que para quem trabalha com menos escala, porque o aluno é mais eficiente., É extremamente complexo a instituição compensar isso com um sistema acadêmico que permita agregar valor em escala. Acho que tem que ter preocupação com consistência. Consistência na sua mensagem, no que ela está fazendo e na forma como está atacando o mercado.

A instituição tem que entender bem onde está posicionada. Não dá para pretender ser percebida ao mesmo tempo como *premium,* como diferenciada e ter muita escala. Acho extremamente perigoso a mesma marca estar em várias posições do mercado. Ou você vende BMW ou vende carro coreano ou Uno Mille. São três lojas diferentes. Se você quiser vender Bugatti e Volkswagen, tenha duas lojas e duas marcas para fazer isso.

Como faço para começar? Pesquisa é um bom modo de entender o que está acontecendo à nossa volta. Mas não conte com empresas de pesquisa para analisar os dados e dar a resposta. Porque o resultado vem muito abstrato: você recebe muitas pistas, mas não uma resposta definitiva.

O começo dessa definição virá da sua competência para dominar três pontos:

1. entender a cabeça do seu potencial cliente, no caso, o aluno;
2. entender sua própria capacidade, ou aquilo que você consegue executar porque tem aptidão, habilidade e recursos;
3. ter a capacidade de entender a concorrência.

São os famosos 3Cs. Em inglês: *costumer* (cliente), *capability* (capacidade) e *competition* (concorrência). Costumo usar uma brincadeira como exemplo: "Eu quero ser a mais azul das faculdades". Ou seja, não quero atender a todo mundo que está no mercado, quero ter 80% de *share* (participação) no segmento daqueles que gostam de azul. Essa é a minha missão. Então, vale a pena você olhar se o mercado dos que gostam de azul é maior do que 2% ou 3% da população. Esse tipo de análise é que vale a pena fazer ao definir uma estratégia olhando para os 3Cs.

Na indústria automotiva, por exemplo, mesmo o segmento de luxo tem posicionamentos bem diferentes e bem claros. A Volvo, para citar um deles, trabalha muito a questão da segurança. Eles insistem em segurança nas campanhas, em testes, e a mensagem acaba ficando clara: Volvo é segurança.

A Disney, por sua vez, é um bom exemplo de empresa que tem várias marcas. Ela tem um DNA central, que é a capacidade de encantar o cliente e de superar suas expectativas com a qualidade Disney. Talvez nem todos saibam que fazem parte da Disney Company outras marcas, como Pixar, Marvel, Touchstone, ESPN, ABC TV e todas as marcas derivadas do nome Disney, que vão de cinema e música, a parques de diversão, hotéis e *resorts*. Mesmo com várias marcas e atendendo a segmentos diferentes, as organizações Disney conseguiram permear o que é a qualidade Disney, o que é o jeito de trabalhar Disney, e a ideia de encantamento do cliente.

Outra marca que tem escala é a Armani. E se você tem escala, pode segmentar. Aquilo que todo mundo entende como

Armani se segmenta em diferentes lojas, Giorgio Armani, Armani Exchange, Empório Armani, que têm jeans de 300 a 700 dólares.

Assim, a grande reflexão para cada instituição do nosso setor, que é o ensino superior, é saber: quem somos nós? E, a partir dessa questão: como vamos ganhar o jogo? Como podemos fazer para ganhar o jogo dentro do nosso segmento? Esse é um desafio constante, que não é fácil e sobre o qual dificilmente temos a certeza de ter acertado.

CAPÍTULO 11

COMPETITIVIDADE, *RANKINGS* E O IMPACTO DO SINAES

Claudia Maffini Griboski

Quando se fala de competitividade e *rankings*, sabemos que há preocupação generalizada com o impacto que tem a divulgação dos resultados do Sistema Nacional de Avaliação da Educação Superior (Sinaes).

Toda avaliação produz um efeito. Para a instituição de ensino superior, muitas vezes, o efeito do Sinaes é mais negativo do que positivo. Isso porque, embora os indicadores sejam construídos para produzir efeito na qualidade a partir de uma discussão interna, é frequente que essa discussão aconteça primeiro externamente.

Isso é uma preocupação do Ministério da Educação (MEC), porque, no diálogo com as instituições, temos percebido a importância de construir indicadores fortes, que deem sustentação ao processo da qualidade, mas, ao mesmo tempo, notamos a importância de cuidar da forma como essas divulgações acontecem, pois muitas vezes elas interferem no percurso da instituição. A avaliação sempre tem impacto direto na própria instituição, porque pressupõe uma mudança a partir de uma disposição para que isso aconteça.

Sabemos que o avanço do Brasil na área de avaliação se dá a partir da constituição do Sistema Nacional de Avaliação da Educação Superior, que foi criado pela Lei nº 10.861, de 14 de abril de 2004. Muitos países que discutem *rankings* não têm um sistema ancorado na legislação, como o nosso, que garante uma sequência de ações para acompanhar o desenvolvimento das instituições. O objetivo principal desse sistema de avaliação é aferir a qualidade das instituições de educação superior.

Os dez anos de implementação do Sinaes nos mostram como ele tem se organizado, que mudanças foram sendo incorporadas, os novos indicadores, as novas formas de avaliar e a formação dos nossos avaliadores para identificar as possibilidades de verificação *in loco* e também das informações produzidas pelo Censo da Educação Superior. Como requisito legal, considero que o Estado brasileiro avançou na proposta de avaliação da educação superior – e esse é um diferencial quando comparado com países que têm avaliações não tão perenes e sequenciais como as do Brasil.

Os objetivos do Sinaes são melhorar a qualidade da educação superior e orientar a expansão da oferta. Isso deve estar presente em todo processo de avaliação. Quando se fala em regulação, é justamente na intenção de que toda expansão que ocorra no país esteja ancorada em pressupostos de qualidade das avaliações que estão sendo realizadas pelo Estado no sistema nacional, a partir do objetivo de identificar mérito e valor das instituições. O grande desafio é justamente esse: definir quais são os indicadores que possibilitam identificar o mérito e o valor nas áreas de ensino, em programas, pesquisas, extensão e gestão. São tais os indicadores que vão mostrar, por meio da avaliação, se nós realmente estamos promovendo a responsabilidade social da instituição.

Há um ponto importante a ser analisado. Cada instituição é única e tem sua identidade. Ao avaliar, precisamos ter indicadores que nos permitam perceber a identidade da instituição. Onde estará a identidade desta instituição específica?   No projeto pedagógico? No plano de desenvolvimento institucional? Às vezes, ao se divulgar um resultado da avaliação parametrizado e comparativo entre as instituições, os projetos desenvolvidos pela instituição não são os mesmos. É o projeto que pode explicar o resultado naquele contexto em que está sendo desenvolvido. Então, o Sinaes tem avançado também na intenção de que, ao avaliar, o primeiro pressuposto seja o plano de desenvolvimento institucional e o projeto pedagógico do curso.

Neste processo de fortalecimento do Sinaes, temos incentivado a criação de indicadores e o acompanhamento da própria instituição por meio da autoavaliação, para que ela revele como vê a qualidade interna. A partir da avaliação interna, temos a avaliação externa, que é conduzida por meio dos três conceitos do Sinaes, que são:

1. o conceito institucional, ou seja, advindo do resultado da avaliação *in loco*;
2. o conceito de curso, advindo também da avaliação *in loco*, realizado por especialistas que vão verificar aquele conjunto de indicadores;
3. o resultado da prova de desempenho dos estudantes, que deve estar correlacionada às diretrizes curriculares do curso.

Hoje, temos uma realidade em que muitos cursos – eu diria até que a maioria deles – não são avaliados pelo Exame Nacional de Desempenho de Estudantes (Enade) ou por não terem diretrizes curriculares, ou por serem cursos inovadores. Então, o conjunto de cursos que participam do Enade às vezes representa um percentual menor do que 50% do total de cursos da instituição. E os indicadores de qualidade que foram criados com a intenção de dar orientação a todo esse processo de avaliação do Sinaes são o Índice Geral de Cursos e o Conceito Preliminar de Curso.

Todos esses resultados da avaliação do Sinaes devem ser analisados no seu conjunto. Penso que incorremos em erro quando tentamos avaliá-los de forma separada, porque o resultado do estudante muitas vezes representa um indicador importante, mas precisa ser visto no conjunto das condições de oferta que foram dadas no desenvolvimento do curso.

Esses elementos que compõem o conceito institucional, na visão da instituição de ensino, são aqueles caracterizados universalmente. Temos uma consonância sobre quais são as dimensões avaliadas em vários países, como a missão, o Plano de Desenvolvimento Institucional (PDI) e as políticas de ensino, pesquisa, pós-graduação e extensão.

O Brasil tem cada vez mais se aproximado de indicadores que são utilizados em outros países, o que nos permite também ter maior participação em *rankings* internacionais. Mas não podemos confundir o resultado do Sinaes com esses *rankings*, porque entendemos que são propostas diferentes. Entendemos que devemos avaliar com o objetivo de manter a qualidade e a continuidade do fluxo e da oferta no Brasil. Indicadores que possam trazer aproximação com *rankings* internacionais – como alguns que temos visto utilizados pelo jornal *Folha de S. Paulo* – devem ser incorporados também nos nossos instrumentos de avaliação, mas são propostas que ainda estão em discussão.

No que se refere aos cursos de graduação, as dimensões previstas são organização didático-pedagógica, corpo docente e infraestrutura. Essas são informações essenciais para possamos identificar a qualidade do curso. Atualmente, temos 2.416 instituições de educação superior que precisam ser avaliadas em relação a sua organização acadêmica, para verificar em que nível de qualidade se encontra cada uma.

Com relação ao número de instituições avaliadas, dispomos hoje de um histórico. De 2004 – ano em que tem início o Sinaes – a 2012, as instituições passaram por processos cíclicos de avaliação. No ano de 2013, a previsão era realizar 700 avaliações institucionais, para que, dentro do ciclo de cinco anos, válido para os processos de recredenciamento, todas as instituições fossem avaliadas. A divulgação do resultado da avaliação *in loco* também é uma meta para que possamos mostrar o desempenho institucional a partir desse processo.

Com relação aos cursos, registramos hoje 31.866 de graduação, que são avaliados pelo Enade a cada três anos, o que permite também uma comparação das áreas em relação às avaliações anteriores. O número de cursos avaliados *in loco* tem sido ampliado e possibilita agora que a própria instituição reveja o movimento e as melhoras que apresentou nesse processo em relação aos processos anteriores. Fato interessante é que, desde 2012, nossos instrumentos de avaliação possibilitam fazer acompanhamento por indicadores. O Inep – Instituto Nacional de Estudos e Pesquisas Educacionais Anísio Teixeira – tem se debruçado sobre os dados, fazendo estudos nos quais podemos identificar a média que as instituições têm alcançado em cada um dos indicadores.

Há um conjunto bastante grande de elementos no processo de avaliação. Apenas na Dimensão 1, por exemplo, identificamos se a instituição tem gabinete de trabalho, se tem espaço de trabalho para a coordenação do curso, se tem sala de professores, se tem sala de aula, se os alunos têm acesso a equipamentos de informática. O volume de informações levantado nos processos de avaliação *in loco* pode realmente traduzir a qualidade do curso.

No tocante ao acompanhamento das médias, a avaliação possibilita que o Estado acompanhe as políticas de avaliação e regulação e os protocolos de compromisso, para avançar no desafio de que todos os cursos alcancem pelo menos a média que entendemos como padrão de qualidade, que é 3. Já discutimos que o 3 é um referencial de qualidade, mas todas as instituições devem tentar elevar o padrão para 4 ou 5, e ter sempre como meta o ideal de avançar na melhoria dos resultados.

Com relação à regulação, acredito que avançamos para que o olhar sobre todo o processo de avaliação *in loco* aconteça com qualidade. Desde 2010, cresceu o número de avaliações de curso e de instituição. Esse histórico de avaliações já tem hoje grande representatividade. O Inep tem se empenhado para que a regulação utilize todos os dados disponíveis e lance também um olhar sobre o histórico institucional, porque a história da IES é importante para a definição do recredenciamento. Quando se olha o Conceito Preliminar de Curso (CPC), não vamos verificar exclusivamente o resultado do momento, mas o *continuum* institucional. Temos que pensar em processo, e o histórico do Sinaes mostra que já há condições de olharmos para além de uma política de resultados, de modo a focar no processo.

Recentemente, incluímos novos indicadores, como o perfil do profissional egresso, um dado importante que não era coletado pela avaliação, mas que permite reconhecer a qualidade do curso. Além do dado que é coletado na avaliação *in loco*, na qual perguntamos se o perfil profissional está condizente com as competências estabelecidas nas diretrizes, pensamos também em avançar em termos de indicadores, incluindo dados do Ministério do Trabalho. Foi isso que acordamos em um grupo de estudos do Inep, que teve a participação dos segmentos da comunidade acadêmica e do governo, para tentar criar indicadores que possam realmente valorizar o mercado de trabalho, a empregabilidade em relação ao aspecto da formação dos nossos estudantes.

O Inep anunciou um estudo, a ser publicado em abril de 2015, para identificar a empregabilidade dos estudantes. Claro que há outros fatores, mas esse pode ser um indicador que demonstre qual é o impacto institucional. Foram consultados os alunos que participaram do Enade nos cursos de engenharias e licenciaturas, e mais de 80% dos estudantes responderam ao questionário proposto. Nós perguntamos como estava a situação de empregabilidade a partir da formação dos estudantes, pois esse é um dado importante para identificar a formação que está sendo oferecida pelas instituições. A partir desse estudo, também estamos discutindo os novos indicadores de egressos, que vão possibilitar identificar o impacto da instituição – perguntamos, por exemplo, qual o valor da instituição na região em que está inserida –, além de indicadores de regionalização que possibilitem fazer essa análise.

O item Produção científica, cultural, artística ou tecnológica também constitui um aspecto muito importante, e tem referenciado a avaliação. Esses indicadores são vistos a partir da relação entre o percentual dos docentes da instituição e a produção nos últimos anos. Tais dados são coletados e podem, na medida em que se faz a comparação, demonstrar a situação das instituições.

É importante produzir resultados e *ranking*? A resposta é "sim". Mas o mais importante é que a própria instituição possa rever seus resultados e identificar os itens nos quais ela pode melhorar nas próximas avaliações ou no seu próprio processo.

Nas análises de indicadores, também avançamos por organização acadêmica. Claro que isso representa um grupo bem pequeno de uma amostra, mas nossa intenção é apenas mostrar que podemos fazer análise de indicadores de diferentes formas – pública, privada, centro universitário, organização acadêmica – e que isso demonstra um acompanhamento da qualidade. Nas análises, entram dados importantes, como disponibilidade de periódicos especializados, laboratórios didáticos especializados, com relação não só à qualidade daquele ambiente, mas também à quantidade: se os laboratórios existem em número suficiente para atender aos estudantes. Todas essas organizações de dados permitem entender por que o Sinaes tem evoluído no sentido de que as próprias instituições entendam a importância de ter a avaliação como um referencial de qualidade.

Pensando sobre todos os elementos, cabe perguntar: para que serve o Enade? Ele é o indicador de qualidade do egresso. Dentro dessa proposta, o Enade é uma contribuição para a avaliação dos cursos por meio da verificação de competências, habilidades e conhecimentos desenvolvidos pelos estudantes. Ele revela se o estudante teve acesso a programas de iniciação científica, se pôde participar de programas de mobilidade e de intercâmbios internacionais. Esse questionário é sempre revisado com o intuito de colocar outros indicadores que venham a explicar o envolvimento do discente para além do resultado da prova. O uso do resultado do conceito Enade, quando dissociado de um relatório circunstanciado das condições em que o aluno teve a oferta de seu curso, muitas vezes pode estar desviando um resultado geral que esperamos alcançar pelo Sistema Nacional de Avaliação.

Ainda no âmbito do Enade, a evolução de 2004 para 2012 demonstra que estamos ampliando o número de cursos avaliados, não tanto em número de áreas, mas no número de cursos no âmbito nacional. Temos condições de avaliar a evolução nos números desses cursos, o que reflete a própria expansão da educação superior.

Em números de estudantes, em razão da própria política adotada, tivemos algumas mudanças com relação ao número de participantes, porque no período de 2004 a 2008 ainda era muito amostral. Mas, depois de 2009, passamos a ter todos os ingressantes e todos os concluintes. Em 2011, voltamos a ter uma prova aplicada apenas para os concluintes, porque o Exame Nacional do Ensino Médio (Enem) passou a ser referência para a formação dos ingressantes. O IDD – Indicador de Diferença dentre os Desempenhos Observado e Esperado – é constituído a partir da média do resultado do Enem.

A divulgação do Enade, portanto, só pode ser feita se comparada com as áreas que foram avaliadas naquele mesmo ano. Se comparados 2008 e 2011, por exemplo, percebe-se que cai sensivelmente o número de cursos sem conceito que tínhamos em 2008. Isso pelo fato de termos agora o uso do Enem.

O Conceito Preliminar de Curso (CPC) e o Índice Geral de Curso (IGC) são os indicadores de qualidade que vão orientar os processos de avaliação e também as decisões com relação à prerrogativa de autonomia. O Conceito Preliminar de Curso é uma média ponderada de medidas relativas à qualidade do curso.

Ele é baseado em resultados, seja de informações do Censo, seja dos resultados dos estudantes, diferentemente das avaliações *in loco*, que são consideradas avaliações de processo e oferecem indicadores nos quais se pode ver o que está acontecendo no curso.

É preciso ter cuidado com os *rankings*. Se nós estamos ranqueando via CPC, estamos falando de uma medida que é praticamente o resultado de desempenho do estudante, e não de todas as condições de desenvolvimento de um curso.

Os componentes do CPC vão trazer a nota de concluinte; a nota do IDD, que trará a diferença entre o desempenho observado e o esperado; a nota de infraestrutura; da organização didático-pedagógica; de professores titulados (mestres e doutores); e a nota de professores com regime de dedicação integral ou parcial. Eu diria que esses indicadores têm sido indutores de qualidade. Nós não podemos negar isso. A partir desses componentes, as instituições passam a ter uma atitude diferente com relação à contratação dos docentes.

É claro que temos questões referentes ao questionário, que hoje está sendo revisado. Nossa proposta é ter um conjunto de informações de infraestrutura e um conjunto de informações didático-pedagógicas para não cair apenas em uma questão ou indicador, que é a grande crítica que tem sido colocada. É fundamental reconhecer que a participação do estudante é extremamente necessária. É importante termos formas de melhorar a participação dos alunos.

Mas a qualidade do corpo docente é um fator fundamental no quesito da qualidade. A evolução dos indicadores em relação à titulação dos docentes mostra que cresce sensivelmente o número de docentes com doutorado. Em 2004, tínhamos 98 mil docentes com doutorado; hoje, eles são 1,37 milhão. E o número cresce também com relação ao mestrado. Nossos indicadores perpetuam a questão do doutorado e do mestrado, que tem crescido mais no *stricto sensu*.

A titulação docente é um fator de qualidade. Um professor que tem uma especialização, que tem mestrado ou doutorado, não vai ficar pior, só tende a ficar melhor. É um fator indutor de qualidade. O percentual que utilizamos aproxima com as metas do Plano Nacional de Educação (PNE), que, para 2020, definiu como meta termos no país 35% de doutores. A avaliação não pode se furtar a olhar essa perspectiva de indução de qualidade. Precisamos ter políticas para alcançar tal meta. Associado a isso, não podemos olhar os dados de resultados de formação de doutores sem atentar para um importante indicador, que é a política de valorização profissional.

A instituição que ainda não tem em seu quadro a titulação esperada, pode ao mesmo tempo não dispor de uma política de valorização, que investe na formação e na qualificação dos docentes. É preciso não olhar um indicador isoladamente, mas, sim, visualizar políticas que, em conjunto, são com certeza indicadores necessários em um processo de avaliação.

Com relação ao regime de trabalho, que é outro insumo utilizado no CPC, os indicadores também mostram evolução. O percentual de docentes horistas nas instituições tem caído muito, enquanto cresce o número de docentes com tempo integral. Creio que são evidências de que a avaliação pode ser utilizada para a indução da qualidade dos cursos. O CPC, a partir da recomposição do uso do Enem, passou a ter uma composição na qual a nota do concluinte tem peso de 20%; a nota do IDD passa a ter 35%; a infraestrutura e a organização pedagógica, 7,5%; doutores, 15%; mestres, 7,5%; e regime de trabalho, 7,5%. Esses dados mostram que sempre fizemos o acompanhamento da evolução da qualidade dos docentes. Quando o percentual de docentes cai de 20% para 15%, não é que o rigor na avaliação tenha diminuído. Ao contrário, vemos que cresceu o número de doutores, e a discriminação, então, foi maior, podendo-se então reduzir o percentual de doutores na fórmula estatística. A avaliação precisa também acompanhar as respostas que são dadas pelas instituições.

Percebe-se no CPC uma centralidade do indicador 3. Nos últimos anos, cresce o resultado das instituições com 4, em relação a 2008. O IGC mostra um número grande de instituições com indicadores 3 e 4. Há um nível ascendente de desempenho. Estou me referindo ao aperfeiçoamento de indicadores. Há em nossa discussão a intenção de instigar processos de inovação, de pensar nos indicadores de internacionalização. Por exemplo, cursos e instituições que se destacam com propostas de ter disciplinas em língua estrangeira, programas que possam fomentar a mobilidade acadêmica dos estudantes ou o acompanhamento dos egressos, além de inovação tecnológica e propriedade intelectual.

Esses indicadores estão sendo propostos no instrumento de avaliação institucional e vão trazer um desafio para as instituições a partir da mudança de seus projetos pedagógicos. O projeto da instituição precisará contemplar ações que possam ser avaliadas. Nesse sentido, o MEC quer avaliar o projeto. Mas uma instituição que não tenha em seu projeto o desenvolvimento de atividades de pesquisa – o que é natural para uma faculdade, que não tem obrigação de pesquisa, mas de ensino – não será avaliada nesse quesito e também não será prejudicada por isso. O resultado será distribuído entre os demais indicadores.

Nesse contexto, a avaliação da educação superior, que ocupa um lugar de destaque nas políticas públicas educacionais, tem sido considerada um dos eixos estruturantes das estratégias do governo. É a partir da avaliação que aponta para a qualidade e das políticas de financiamento, como ProUni e Fies, que definiremos em que novos programas e ações devemos investir.

A política de avaliação vem cumprindo papel de subsidiar a regulação e também a supervisão, e é isso que configura a avaliação como a política pública de educação superior. A avaliação é uma política de Estado, e não apenas uma representação pelo aspecto legal.

Estamos fazendo onze estudos sobre todo o processo de avaliação que vão proporcionar uma visão do conjunto de elementos e procedimentos adotados nos dez anos do Sinaes (2004-2014). Participamos também da Rede Internacional de

Acreditação da Educação Superior, com 22 países, como Espanha e França. Nessa rede internacional, há a possibilidade de o Brasil já estar se candidatando a ser avaliado pela agência internacional Inquire, que faz certificação de agências de avaliação.

O modelo brasileiro diverge do adotado por muitos países, porque houve a opção de que o próprio Estado fosse a agência de avaliação. O Inep não tem esse *status*, pois é uma autarquia do MEC, mas funciona como uma agência de avaliação no Brasil. Outros países têm agências externas, mas muitos vêm conhecer o modelo brasileiro, pelo fato de o nosso sistema vir garantindo uma continuidade da avaliação, evitando a instabilidade que acontece em processos de avaliação realizados por agências externas. Creio que o modelo brasileiro é bastante reconhecido e as experiências internacionais colaboram para melhorar o nosso processo. O indicador de internacionalização vai possibilitar que esse cenário seja mais bem representado.

O conceito de avaliação deve favorecer a concepção formativa e emancipatória da própria instituição, para alimentar o processo de autoavaliação e para orientar os estudantes em relação às políticas de educação, como o Sistema de Seleção Unificada (Sisu), por exemplo, pelo qual instituições públicas de ensino superior oferecem vagas a candidatos participantes do Enem. Nesse sentido, avançamos muito. Outros métodos de avaliação serão criados e nós teremos que desbravar caminhos para garantir a qualidade.

BRASIL		
Evolução do número de IES e de cursos entre 2004 e 2011		
	2004	2011
IES	2.013	2.416
Cursos	18.644	31.866

Fonte: Inep/MEC

BRASIL		
Evolução da titulação dos docentes entre 2004 e 2011		
	2004	2011
Sem graduação	165	23
Só graduação	38.302	14.061
Especialização	83.496	99.231
Mestrado	98.664	137.090
Doutorado	58.431	107.013

Fonte: Inep/MEC

BRASIL		
Evolução do regime de trabalho dos docentes entre 2004 e 2011		
	2004	2011
Parcial	63.315	85.295
Integral	102.261	167.714
Horista	127.666	104.409

Fonte: Inep/MEC

CAPÍTULO 12

UMA VISÃO SOBRE *RANKINGS* E A EXPERIÊNCIA DO RUF

Rogério Meneghini

Dirigi duas vezes o *Ranking* Universitário Folha (RUF). É um processo que ainda está nascendo, porque os *rankings* constituem, no geral, um empreendimento novo. Eles apareceram há alguns anos e muito se pergunta a respeito do sentido de se fazerem tais processos classificatórios.

Lembro-me de um livro de Umberto Eco, *A vertigem das listas*, cuja tradução foi lançada no Brasil em 2010. Na obra, o escritor e acadêmico italiano diz que, se o ser humano sempre buscou padrões que unam ou diferenciem tudo o que existe, é porque esta tem sido sua ferramenta para lidar com uma "inquietação atávica": a necessidade de pôr ordem ao caos. Na verdade, o *ranking* é uma das maneiras de estabelecer ordem no contexto de um caos existente. E nós fazemos isso. Se formos meditar a esse respeito, veremos que fazemos isso praticamente em todas as atividades humanas. Até os animais têm hábitos que são pertinentes a esse desejo de ordenar para desfazer o caos.

No contexto de universidades, o primeiro *ranking* surgiu na Inglaterra em 1900. Não era propriamente uma lista classificatória de universidades, nem era assim chamado, mas um texto, um livro intitulado *Where do we get Our Best Men* ("Onde encontramos nossos grandes homens"). O interesse deles era saber como as grandes personalidades inglesas surgiam. Então, uma das coisas que pesquisaram foi a origem acadêmica de cada uma delas. Isso foi o início do processo de percepção das instituições sobre sua contribuição para as pessoas ganharem grande proeminência.

Na verdade, a primeira iniciativa de *rankings* em contexto universal foi feita em 2003 pela Universidade Jiao Tong, de Xangai, na China. O objetivo deles era conhecer as universidades do mundo em razão do interesse do governo chinês de promover uma campanha de migração de estudantes para escolas superiores de outros países. Para isso, precisaram fazer uma avaliação das universidades no exterior.

Atribui-se a essa iniciativa o surgimento dos *rankings* internacionais, porque de âmbito nacional já existiam à época, principalmente nos Estados Unidos. Uma das molas propulsoras para isso foi o movimento migratório acadêmico do inicio do atual milênio. É a busca do conhecimento avançado de excelência. Outra motivação forte, tanto para os que participavam dos programas internacionais quanto para as próprias universidades que enviavam alunos, era o reconhecimento advindo da vinculação com instituições de grande prestígio. Obviamente, estudar em uma escola de ponta significa alguma coisa em termos de aprendizagem, mas também em termos de reconhecimento. Uma pessoa que diz ter sido formada em Oxford, por exemplo, recebe antecipadamente uma valorização que pode até não ser confirmada na prática.

No Brasil, a migração acadêmica ainda é bastante fraca, assim como a colaboração científica de caráter internacional. É o que tenho verificado em meus estudos sobre esse problema, sobretudo na área de pesquisa. Existem alguns indicadores que mostram crescimento da migração entre universidades, pelo menos no contexto nacional. Isso é um ponto importante. E agora há iniciativas do governo federal e de fundações de amparo à pesquisa no sentido de aumentar a migração internacional.

De qualquer forma, a migração acadêmica internacional tem se ampliado nos últimos anos e com isso crescem os *rankings* nacionais de universidades. Não disponho de nenhum levantamento real da migração acadêmica no Brasil. Há aparentemente, quando se vê alguns indicadores, um aumento dessa migração.

O *ranking* RUF foi o primeiro a ser lançado no Brasil e o primeiro de âmbito nacional. Ele é abrangente, pois avalia todas as 192 universidades reconhecidas pelo MEC existentes no país. Sua primeira versão foi publicada em 2012 e a segunda, em 2013.

Recentemente, houve um congresso internacional sobre *rankings* nacionais em países em que a migração interna é significativa. Há grande interesse em estabelecer *rankings* em nível nacional. Existem hoje aproximadamente 150 milhões de estudantes universitários no mundo, sendo 3 milhões (2%) estudantes imigrantes. É uma percentagem ainda pequena, mas o que impressiona, na verdade, é o crescimento, de 15%, ao ano. Isso significa praticamente dobrar, a cada quatro ou cinco anos, o número de estudantes imigrantes na comunidade global.

As universidades voltam seus olhos para esse novo contingente, o dos estudantes migrantes. Há duas motivações mais importantes para o fenômeno: a primeira, sem dúvida, é a financeira, principalmente para as universidades que cobram mensalidades; a segunda, são os candidatos ao ingresso, diferenciados e motivados. Isso tem sido material de investigação de especialistas em *rankings*, que procuram verificar, junto aos estudantes que se dispõem à aventura de sair de seu país, se eles têm algum motivo especial para buscar uma formação especial. A tendência é admitir que sim. Além disso, acredita-se que esse movimento pode enriquecer o corpo discente de uma universidade. Esse fator tem sido levado em conta pelas maiores universidades dos EUA, da Inglaterra e de outros países mais avançados.

Vale para o Brasil? Quanto à questão financeira, não tanto, porque as maiores universidades brasileiras, as mais importantes, são escolas públicas, que não cobram mensalidade. Portanto, não há vantagens financeiras nesse contexto. Mas há uma expectativa de que o RUF tenha influência no segundo quesito, isto é, o dos candidatos diferenciados e motivados. Isso pode ser algo que mude a composição e a qualidade do corpo discente.

Para os países que têm interesse no afastamento temporário subsidiado de seus estudantes, como é o caso da China e de alguns outros países, é importante que as universidades de destino possam ser avaliadas e levadas em conta para a tomada da decisão. O *ranking* de Xangai serve para esse objetivo. O governo que vai subsidiar a migração de estudantes pode ter uma ideia adequada de quais universidades podem ser consideradas nesse processo de mobilidade.

Outro ponto importante para a questão dos *rankings* é que o público em geral está, ou deve estar, interessado no desempenho das universidades. Afinal, é dele que advém o custeio, seja sob a forma de impostos, seja como mensalidades.

Como lidar com as imperfeições dos *rankings*? Essa é uma pergunta que se faz com frequência. Dito de outro modo: um indicador pode sintetizar tantos dados sem ser injusto? Em primeiro lugar, é preciso lembrar que as metodologias estão em construção. É uma percepção geral dos próprios membros participantes dos *rankings*. A avaliação da pesquisa e a internacionalização da pesquisa utilizam indicadores que são objetivos, através da cienciometria, que é uma ciência relativamente nova.

Já a avaliação do ensino é mais complexa. No Brasil, valem muito as tabulações de experiência do Ministério da Educação (MEC), cujos dados são fabulosos em quantidade e em importância. Não conheço em que extensão existe essa experiência em outros países, creio que o MEC está em uma posição privilegiada nesse contexto. Nós certamente devemos recorrer a tais dados quando possível – e foi isso que fizemos no RUF, no caso de avaliação do ensino.

Avaliamos a porcentagem de docentes com doutorado, atribuindo quatro pontos ao item, pois supomos que o doutorado deve ser uma vantagem na questão do ensino daquele professor. Avaliamos também a porcentagem de professores com tempo integral, que, na verdade, é mais importante para a área de ciências.

O que significa muito é a opinião dos consultores do MEC, que nós utilizamos na última edição do *ranking*. Os consultores têm grande experiência em analisar *in loco* os cursos nas universidades. Nós fizemos isso por meio de amostragem. E, por fim, consideramos a nota do Exame Nacional de Desempenho de Estudantes (Enade), a que os discentes se submetem não em benefício próprio, a princípio, mas em benefício da instituição, para mostrar como está sendo o desempenho desses estudantes nas instituições.

Há problemas. O Enade é um indicador novo, exige que os estudantes façam o exame nas suas respectivas universidades, mas há universidades que ainda não aderiram, como é o caso da Universidade de São Paulo (USP). Esse índice me parece promissor, mas ainda não pode ser utilizado na sua totalidade. No nosso *ranking*, ele foi considerado com uma pontuação baixa, com a perspectiva de que possa ser mais elaborado, mais aceito e mais utilizado pelas universidades. Talvez os estudantes se deem conta do quanto é importante eles fazerem uma boa prova do Enade. Isso irá valorizar sua universidade, aquela pela qual ele será formado.

Quais seriam os pontos fortes e quais os pontos fracos do *ranking*? Tais pontos, positivos ou negativos, estão relacionados com o caráter objetivo dos indicadores, isto é, com a segurança da medição. Como sabemos, em pesquisa, nós já superamos o tempo do boca em boca. Quando comecei minha carreira universitária, a gente sabia do desempenho da faculdade por meio de informações passadas dessa maneira – quem eram os bons professores, quem eram os bons pesquisadores, quais eram os bons periódicos científicos... Atualmente, os indicadores científicos nos dão maior segurança, embora sejam necessários cuidados na pontuação.

Existem indicadores poderosos. Um deles diz respeito à inovação medida por pedidos de patentes depositadas no Instituto Nacional de Propriedade Industrial (INPI), no qual o Brasil é fraco. Outro considera as citações por publicação, que por si só já é um indicador. Outro ainda são as citações de trabalhos publicados na área, portanto, um avaliador científico. Citações por publicação vão no sentido da qualidade da publicação e são muito utilizadas pelos *rankings* internacionais. Nós não podemos fazer isso no Brasil, porque, se formos usar rigidamente esse item como se usa em outros países, o resultado será uma pontuação muito baixa.

Há universidades que despontam na área de pesquisa no Brasil, mas acontece que são pequenos núcleos de pessoas aplicadas. Embora eles consigam valores altos em citações por publicação, são geralmente muito pequenos para serem considerados. Em consequência disso, tivemos que fazer uma pontuação baixa nesse item. Mas Isso porque queremos que esse item seja utilizado, para que se comece a perceber efetivamente o valor de um indicador forte para avaliação de ciências.

Como fazer para as citações por publicação deixarem de ser um ponto fraco? Para que isso acontecesse, seria necessário dividir as universidades brasileiras em duas categorias: universidades de pesquisa e universidades de ensino. Só assim poderíamos utilizar esse indicador da maneira como é utilizado em *rankings* internacionais. Outro ponto fraco que temos no processo de confecção de *ranking* no Brasil é o número limitado de cursos pesquisados por universidade. Só utilizamos os 30 cursos mais concorridos. Estamos deixando de avaliar um alto percentual de cursos. Isso não é bom, mas tivemos que fazer assim por uma questão econômica. Não sei exatamente o número de cursos universitários no país, mas deve superar a casa de duas centenas. E nós trabalhamos apenas com os 30 cursos que têm o maior número de alunos.

Seja como for, trata-se de um início, uma coisa que temos que elaborar e gastar talvez mais recursos, pois isso custa muito dinheiro, mas é importante. Isso prejudicou dois indicadores. No indicador de ensino, a avaliação dos consultores do MEC só foi feita no contexto dos 30 cursos que consideramos. Em relação ao mercado, conseguir a percepção do setor de Recursos Humanos (RH) sobre os egressos que as empresas contratam foi um trabalho árduo, mas também limitado aos 30 cursos pesquisados. Isso é uma coisa que tem que ser modificada, melhorada.

Os *rankings* induzem a concorrência? As instituições de ensino superior tornam-se mais competitivas, melhorando sua *performance* em decorrência dos resultados de *rankings* ou eles só mostram alguns caminhos? Acredito que ainda é cedo para responder a essas perguntas, principalmente, porque só tivemos dois RUFs até agora. No caso de *rankings* internacionais, já ficou muito claro que as universidades estão atentas aos resultados. Pode-se observar isso até em anúncios que são feitos pelas instituições acadêmicas na imprensa e na internet.

Os *rankings* estão se transformando em ferramenta de marketing para as IES. Por outro lado, eles vêm sendo utilizados como indicadores do processo de regulação. Nesse sentido, será que servem de fato para melhorar a qualidade? As posições das universidades em *rankings* estão se tornando uma moeda de valor, sem dúvida. Exemplo: o potencial crescente de atrair os melhores alunos em nível nacional e internacional. Isso está acontecendo em universidades de diversos países. Tem havido depoimentos a esse respeito; há um diferencial do alunado que migra para a melhor universidade.

Finalmente, pergunta-se: como lidar com os conflitos de interesse entre as organizações que mantêm os *rankings* e as universidades ranqueadas? Será que esses conflitos de interesse realmente existem? Os *rankings* são produzidos principalmente por jornais e revistas, enquanto as universidades privadas, por seu lado, utilizam os dados para fazer promoção. Temos visto bastante isso pelo Brasil. Tem-se ai um possível conflito de interesses que precisaria ser avaliado. No entanto, nada foi feito sobre o assunto até o momento; não está claro em que escala isso ocorre e se tem havido alguma tomada de posição para evitar tais conflitos. Acredito que, ao olhar para outro país que não o Brasil, vemos que existe a possibilidade de privilegiar universidades que não são tão boas e se utilizam dos resultados para fazer anúncios. É quase anedótico. Desconheço casos de instituições que façam isso, mas é uma preocupação que precisa estar presente no momento em que se faz avaliação de universidades.

RANKING UNIVERSITÁRIO FOLHA (RUF) 2013 As 15 primeiras em Administração de Empresas (Indicadores comparativos)					
RUF	IES	UF	Docentes c/ doutorado	Especialistas MEC	Enade
1	FGV-EAESP	SP	8º	1º	20º
2	UFGRS	RS	14º	3º	12º
3	UFMG	MG	7º	4º	17º
3	Insper	SP	10º	4º	5º
5	UFRJ	RJ	23º	4º	20º
6	Ebape-FGV	RJ	15º	4º	53º
7	UFPR	PR	26º	4º	17º
8	UFSM	RS	39º	4º	3º
9	UFU	MG	72º	4º	3º
10	USP	SP	5º	2º	–
11	Mackenzie	SP	76º	4º	87º
12	UFPE	PE	40º	4º	–
13	PUC-Minas	MG	294º	4º	203º
14	IST	SC	577º	4º	643º
15	Unesp	SP	11º	15º	41º

Fonte: RUF / *Ranking* de Cursos
http://ruf.folha.uol.com.br/2013/rankingdecursos/administracaodeempresas/avaliacao_de_ensino.sht

RANKING UNIVERSITÁRIO FOLHA (RUF) 2013 Instituições que lideram o *ranking* de ensino em três cursos tradicionais		
Administração	Direito	Medicina
FGV-SP	UFMG	Unifesp
UFRGS	FGV-SP	USP
Insper-SP	UFRGS	Unesp

Fonte: RUF
http://ruf.folha.uol.com.br/2013/

CAPÍTULO 13

UM RETRATO DO *GUIA DO ESTUDANTE* DA EDITORA ABRIL

Lisandra Matias

A avaliação de cursos superiores do *Guia do Estudante* da Editora Abril, que começou em 1988 – ou seja, tem 23 anos –, é uma pesquisa de opinião. Ela não é uma pesquisa que leve em consideração indicadores objetivos, mas consiste em um levantamento feito com especialistas no assunto, que são os próprios coordenadores e professores de cursos universitários.

Na verdade, essa grande pesquisa de opinião sobre os cursos universitários foi feita pela primeira vez na Editora Abril em 1982, na revista *Playboy*, e ressurgiu um pouco depois disso, em 1984, como uma edição do *Almanaque Abril*, que é uma obra de referência da Editora. Na edição de 1988, quando o *Almanaque* tinha quatro anos de existência, essa pesquisa se tornou o *Guia do Estudante*, um título independente.

É uma publicação direcionada ao estudante de ensino médio, que apresenta todas as opções de cursos e instituições do país para que ele possa fazer sua opção. Foi dentro desse contexto que essa avaliação foi pensada. Nós apresentamos para o estudante quais são os melhores cursos da área de seu interesse. Em 2013, foram avaliados quase 12 mil cursos, de 1.600 instituições, de 122 diferentes áreas.

O *Guia* envolve essencialmente um trabalho jornalístico. É como se eu fizesse uma entrevista com a minha melhor fonte para contar ao meu leitor quais os melhores cursos de uma determinada área. Por ter essa característica de pesquisa de opinião, há um trabalho jornalístico embutido. A publicação tem uma abrangência muito grande. Nós avaliamos e consideramos todos os cursos superiores do país, e temos critérios para tal avaliação. Os professores e coordenadores de curso emitem conceitos que valem pontuação e variam de excelente, muito bom, bom, regular a ruim. A somatória dessas notas é a avaliação que o curso terá, e que vai de uma a cinco estrelas.

Para iniciar a avaliação, fazemos contato com as instituições de todo o país e, em um segundo momento, definimos os cursos que serão avaliados de acordo com os critérios. Nós coletamos dados desses cursos e, com base nos dados, é feita a pesquisa de opinião com mais de 4,2 mil pareceristas. O passo seguinte é a definição das notas. Para isso, contamos com uma consultoria técnica do Instituto Brasileiro de Opinião Pública e Estatística (Ibope). Por fim, os resultados são publicados na nossa edição.

Todos os anos, durante quatro meses, nossa equipe faz contato com todas as instituições de ensino superior do país. Perguntamos basicamente os dados gerais e os cursos que serão oferecidos no próximo processo seletivo, sempre no contexto de que estamos fazendo uma obra para o estudante do terceiro ano do ensino médio. Portanto, só entram os cursos de graduação que serão oferecidos no ano seguinte.

A atualização de 2013 totalizou cerca de 2.037 instituições. A diferença com os números do MEC se deve ao fato de que a nossa pesquisa é de 2013 e o último dado do MEC é de 2011 ou 2012. Nesse grande cadastramento, que é feito anualmente, consideramos as instituições que irão oferecer cursos no próximo processo seletivo, e a partir disso fazemos os pré-requisitos de participação na avaliação. Nessa última edição levantamos 27.038 cursos em todo o país. Desse montante, nem todos os cursos são avaliados, porque estabelecemos alguns critérios, já que não teríamos condição de avaliar os 27 mil cursos.

Avaliamos essencialmente bacharelados – com exceção de duas licenciaturas: Pedagogia e Educação Física – e os cursos que têm turma formada há pelo menos um ano, para ter dado tempo de estudantes da primeira turma terem ingressado no mercado de trabalho. Avaliamos também apenas cursos presenciais. Depois do levantamento dos cursos pesquisados, ficamos com 11.903 cursos que atenderam aos pré-requisitos. Entre os excluídos, estão as licenciaturas, os cursos tecnológicos e aqueles que ainda não tiveram turma diplomada. Esse é o universo dos cursos avaliados.

Quero registrar que achamos importantes as licenciaturas, e teríamos muita vontade de avaliá-las, mas infelizmente não temos condições em função da carência de tempo e de pessoal. Nossa grade de publicações fazendo a avaliação só com bacharelados já está toda cheia. Mas avaliar as licenciaturas, que achamos importantes, é uma das nossas metas.

Uma vez identificados os cursos, a equipe do *Guia do Estudante* entra novamente em contato com as instituições – desta vez, com o coordenador do curso. Ele vai preencher um formulário com os dados do curso que consideramos ter tido uma boa avaliação, que são esses que o MEC e o *Ranking Universitário Folha* (RUF) trabalham. Mas aí é o coordenador que vai informar titulação do corpo docente, infraestrutura do curso, inserção dos alunos no mercado de trabalho, projetos de extensão etc. São 15 questões, e temos também um campo aberto para que cada coordenador possa falar da especificidade do curso.

Todo esse processo é feito por meio eletrônico. É enviado um email para cada um desses coordenadores, com um *link* que dá acesso ao questionário onde ele preenche os dados do curso. É importante destacar que esses dados não são pontuados para avaliação, não tem peso a porcentagem de doutores, o projeto de extensão ou o número de alunos envolvidos. Nenhum dos itens tem peso, eles servem especificamente para ajudar o avaliador do curso a fazer a sua avaliação com um bom instrumento, que é um retrato do curso. Mesmo que um curso não preencha o cadastro, ele é avaliado da mesma maneira pelo consultor. Nossa taxa de preenchimento desse questionário é de 82%, considerada alta, levando em conta que é uma atividade voluntária: cada coordenador opta por responder ou não, mas a adesão é grande.

Uma vez que esses cursos foram identificados, quando o coordenador preenche o questionário do curso, o próximo passo é acessar nosso banco de pareceristas. São eles que vão efetivamente dar as notas para os cursos. Muitas vezes os coordenadores nos procuram e perguntam por que demos tal conceito a determinado curso. Não é a equipe do *Guia do Estudante* que dá o conceito – que nem teria condições de fazê-lo. Apenas organizamos uma grande pesquisa de opinião com quem mais entende desse assunto, que são os coordenadores e professores universitários. O nosso banco de pareceristas atualmente tem 7 mil nomes, dos quais 4 mil foram usados na avaliação de 2013. Grande parte desse grupo de professores, em torno de 40%, são avaliadores do MEC.

Os cursos a serem avaliados são distribuídos para consultores da mesma área do curso e da mesma região, através de um critério eletrônico e aleatório. Naturalmente, o professor de um curso não pode avaliar o curso no qual ele leciona. Temos um sistema que faz essa distribuição para os nossos pareceristas. Cada um deles avalia até 30 cursos, dependendo do tamanho da área. Administração, direito, pedagogia, que são áreas grandes, em geral, chegam a esse número de cursos para cada avaliador. Em áreas menores, o número de cursos avaliados por consultor também é menor. O sistema *online* de distribuição funciona em 99% dos cursos avaliados – o acesso ao parecerista é feito por telefone em uma parcela mínima do total.

Cada avaliador faz a sua avaliação com base no questionário que o coordenador respondeu, mas também de acordo com os conhecimentos que ele tem sobre aquele curso. A etapa da coleta do parecer com os nossos consultores dura três meses, e toda a nossa avaliação dura nove meses. Cada curso recebe nota de, no mínimo, seis pareceristas. Só no ano de 2013, apuramos 74.325 notas.

Algumas instituições nos questionam sobre a possibilidade de incorporarmos a dimensão do egresso na nossa pesquisa, para contar com a opinião dele sobre o curso, além da opinião dos professores. Essa possibilidade já foi considerada, porém esbarramos na dificuldade prática, pois as próprias instituições precisam passar as listas dos egressos. Muitas não tinham condições para isso, sem deixar claro o motivo, enquanto outras simplesmente diziam não dispor dessa lista. Outra dificuldade seria incorporar esse indicador a uma amostra tão grande, já que trabalhamos com um universo de 12 mil cursos de 120 áreas. Consideramos que isso deixaria o processo muito mais complexo, além do que, muitos dessas informações não abrangeriam todos os cursos avaliados.

No processo atual, assim que as pesquisas são concluídas, todos os conceitos que foram dados para os cursos são consolidados em uma grande planilha, que é encaminhada para o Ibope Inteligência, nosso parceiro desde 2005 na sistematização dos dados e na coleta das opiniões.

A estrela final que cada curso recebe é a média dos conceitos recebidos de cada um dos pareceristas. A fim de evitar distorções, há dois anos nós temos descartado duas notas, que é a nota mais alta e a mais baixa que o curso recebe, para ficar com uma média de quatro notas válidas. Essa média é acrescida de uma bonificação. Nós levamos em conta as estrelas que esse curso teve nas nossas avaliações anteriores, e o curso ganha um bônus em cima desse valor. Se ele teve cinco estrelas nas últimas cinco avaliações, irá ganhar uma bonificação de 0,09; quatro estrelas, bonificação de 0,07; e três estrelas, 0,05. Desde 2008, temos um sistema para garantir que, de um ano para o outro, o curso possa subir ou descer apenas uma estrela.

Temos também uma parceria com a auditoria PriceWaterHouseCoopers (PwC). Para auditar a nossa avaliação e a nossa pesquisa de opinião, ela envia uma equipe até a redação da editora, cujos membros checam uma amostra dos conceitos recebidos e fazem as contas de verificação dos conceitos atribuídos.

Quando o resultado dessa avaliação é publicado, algumas instituições nos perguntam no que precisam melhorar, pelo fato de terem baixado uma estrela. Nós explicamos a metodologia, reafirmamos que se trata de uma pesquisa de opinião e que o nosso papel não é formar uma linha evolutiva daquele curso e nem apontar quais são as deficiências. Isso cabe ao MEC. Nosso compromisso é com o leitor. Queremos mostrar para ele quais são os melhores cursos do país de acordo com a nossa pesquisa de opinião.

Na última avaliação, tivemos 6.115 cursos estrelados, de 11.903 avaliados. Foram 1.607 instituições avaliadas, das quais 942 tiveram pelo menos um curso estrelado.

Um dado importante que consideramos, no nosso papel de orientar a escolha do estudante, é contar ao nosso leitor que a avaliação funciona com uma metodologia e tem a proposta de informar e orientar. Existem outras avaliações com outras metodologias, e ele vai poder comparar. No nosso *Guia*, além de publicar os nossos resultados, publicamos também o Conceito Preliminar de Curso (CPC) do MEC, que é um indicador importante para ele poder fazer a escolha. Pensando nos critérios que o estudante considera, publicamos também o valor da mensalidade, mais um dado que pode ser determinante para ele fazer sua opção.

Fizemos uma pesquisa em nosso *site*, com uma amostragem de 1.628 entrevistados de todo o Brasil, tendo como objetivo levantar o perfil e as opções dos estudantes, em uma faixa etária de 15 a 25 anos, que correspondeu a 95% da amostra, sendo 70% de mulheres e 30% de homens. Perguntamos qual o critério mais importante ao escolher uma universidade. A qualidade dos cursos foi a resposta de quase 80% dos internautas. O preço da mensalidade aparece com uma pequena margem, de menos de 6%, índice semelhante ao item proximidade de casa ou do trabalho. Facilidade do processo seletivo teve apenas 4%.

Também perguntamos se eles conheciam alguma fonte de informação importante para medir a qualidade dos cursos e mais da metade respondeu "sim". Perguntamos se eles conheciam a avaliação do *Guia do Estudante* e a avaliação do MEC: a avaliação do *Guia* teve margem de 75% e a do MEC, de 91%. Isso mostra que os alunos estão antenados nas avaliações e as utilizam muito para fazer a escolha da instituição.

Nós acreditamos que os *rankings* serão cada vez mais comuns no ambiente competitivo do ensino superior, com as instituições, principalmente as particulares, menores, querendo se diferenciar nesse universo, ter um curso estrelado, ter um bom índice no MEC, ou aparecer no *ranking* da Folha, porque isso é um diferencial importante para a instituição em relação às demais.

A proposta de cada *ranking*, a metodologia utilizada e as diferenças entre eles são informações importantes a considerar. Mas acredito que todos esses *rankings* servem para melhorar a qualidade. Fazer parte da lista das melhores ou apenas aparecer nessas avaliações, é um objetivo que toda IES busca. É sempre uma valorização e isso vai incentivar sua busca pela qualidade. Para as instituições particulares, a qualidade está atrelada à sua própria sobrevivência e ter destaque nesse cenário é um meio de atrair alunos.

Um questionamento que sempre é feito envolve o interesse de anunciantes em relação aos resultados dos *rankings*. No caso do *Guia*, como já foi mostrado, nós coordenamos a pesquisa de opinião – quem dá as notas são os pareceristas. Nós temos um *Guia* com muitos anunciantes, mas toda a avaliação é feita totalmente no âmbito editorial. Não há nenhuma possibilidade de influência da publicidade. Os resultados são auditados pela Price. Deixamos bem claro que fazemos a organização da pesquisa e o trabalho jornalístico. Queremos contar para o nosso leitor quais são as melhores escolas em cada área.

Temos um trabalho no *Guia do Estudante Profissões* que é de orientação dos estudantes em relação aos fatores que eles devem considerar para escolher uma boa instituição: a infraestrutura, os professores e sua titulação, a inserção dos ex-alunos no mercado de trabalho, os programas de inserção dos alunos no mercado, os projetos de extensão e a pesquisa. Trabalhamos esses temas nas matérias jornalísticas de orientação e, além disso, publicamos o resultado da nossa avaliação, os resultados da avaliação do MEC e também o índice referente ao CPC. Com esses instrumentos, pretendemos dar um leque amplo para que o estudante faça a melhor escolha.

GUIA DO ESTUDANTE PESQUISA COM INTERNAUTAS / ESTUDANTES		
Qual é o critério mais importante ao escolher a universidade onde você pretende estudar?		
	Número	%
Preço da mensalidade	94	5,80
Proximidade de casa/do trabalho	99	6,10
Qualidade dos cursos	1.292	79,40
Facilidade de passar pelo processo seletivo	66	4,10
Indicação de amigos e conhecidos	15	0,90
Outros	62	3,80

SOBRE O ORGANIZADOR

FÁBIO GARCIA REIS

Licenciado em História pelo Centro Universitário Salesiano de São Paulo (Unisal) e doutorado na matéria pela Universidade de São Paulo (USP), é professor e diretor do Centro Unisal-Lorena.

Estudioso de tendências, dinâmica e inovação do ensino superior, universidades empreendedoras e identidade e liderança de IES Católicas, dedica-se à pesquisa nessas áreas, incluindo os modelos de governança e gestão das IES. Para aprofundar-se nesses campos, fez estágio na Universidade de Salamanca e na Universidade Politécnica de Valência, Espanha; a área de gestão universitária foi tema de cursos de extensão que realizou na Universidade de Montreal e Toronto (Canadá), nas universidades Harvard e do Sul da Califórnia e no Babson College (Estados Unidos), Universidade de Pequim (China), Universidade de Londres (Inglaterra) e Universidade Tecnológica Virtual de Monterrey (México), entre outras. Foi também Visiting Scholar no Boston College, em 2010.

Autor do livro *Perspectivas da gestão universitária*, organizou *Turismo: uma perspectiva regional* e, desde 2011, responde pela série produzida a partir do Fórum Nacional: Ensino Superior Particular Brasileiro (FNESP) do Sindicato das Entidades Mantenedoras de Estabelecimento de Ensino Superior no Estado de São Paulo (Smesp): *Formação e empregabilidade: os desafios da próxima década na educação superior* (2011); *Liderança e educação: formação de líderes na dinâmica do ensino superior* (2012); *Empreendedorismo e inovação no ensino superior* (2013). Colaborador do Instituto Expertise de Educação e do Semesp, na organização de seminários, fóruns e missões internacionais focados na formação de lideranças para a gestão de IES e na inovação acadêmica.

É responsável pelo *site* Tendências do Ensino Superior (www.fabiogarciareis.com). É supervisor do curso de especialização Gestão Universitária, do Centro Unisal em parceria com o Semesp. Organiza anualmente os módulos internacionais do curso de Gestão Universitária para países como Estados Unidos, Canadá, México, Espanha, França, Inglaterra e China.

SOBRE OS AUTORES

ANNA PENIDO

Diretora executiva do Instituto Inspirare. Formou-se em Jornalismo pela Universidade Federal da Bahia, na qual se especializou em Gestão Social para o Desenvolvimento, após cursar especialização em Direitos Humanos na Columbia University, de Nova York, EUA. Em 2011, participou do programa Advanced Leadership Initiative da Universidade Harvard. Trabalhou como repórter para o jornal *Correio da Bahia* e para as revistas *Veja Bahia* e *Vogue*. Integrou as equipes da Fundação Odebrecht e do Liceu de Artes e Ofícios da Bahia. Fundou e dirigiu a Cipó – Comunicação Interativa, da qual é conselheira. Coordenou o escritório do Unicef para os Estados de São Paulo e Minas Gerais. É *fellow* Ashoka Empreendedores Sociais e líder da Fundação Avina.

LUIZ FABIO MESQUIATI

Pesquisador do Institute of Education da Universidade de Londres, Inglaterra, ele é também o coordenador regional para a América Latina da mesma instituição, onde realizou pós-doutorado em Gestão Universitária. É membro-fundador do grupo de estudos Education in Latin America e membro do Centre for Higher Education Studies.

Doutor em Administração pela Fundação Getúlio Vargas, São Paulo, atua em ensino, pesquisa, palestras e consultoria nas áreas de estratégia e mudança organizacional, além de ter somado experiências na gestão de IES como diretor acadêmico, diretor de pesquisa e pós-graduação e coordenador de curso. Avaliador institucional do Inep-MEC e do Ministério da Educação Superior, Ciência e Tecnologia da República Dominicana. É coordenador do grupo de trabalho Qualidade dos Sistemas de Educação Superior na América Latina, vinculado à Rede Innova-Cesal, e parecerista técnico para revistas e eventos científicos nacionais e internacionais. Membro da Society for Research into Higher Education, da Inglaterra.

FENTON L. BROADHEAD

Vice-presidente acadêmico da Brigham Young University-Idaho, dos Estados Unidos, desde 2008, ele colocou a instituição em destaque pelas inovações adotadas. Foi membro do corpo docente da mesma universidade por 21 anos no Departamento de Economia.

Bacharel em Economia, fez mestrado em Liderança Educacional e doutorado em Administração da Educação. Suas áreas de atuação têm sido Economia Internacional, Desenvolvimento Econômico e Investimento em Capital Humano. Desde 2012, é o decano da Faculdade de Negócios e Comunicação da BYU. Entre seus livros publicados estão: *Instructional Management – Handbook for Effective Teaching* ("Gerenciamento instrucional – Guia para o ensino efetivo") e *Education – Investment in Human Capital* ("Educação – Investimento em capital humano").

MAURO FERREIRA

Professor associado da Faculdade de Física do Trinity College de Dublin, Irlanda, desde 2012. Iniciou carreira na instituição no ano de 2002, como professor e pesquisador.

Licenciado em Física e Mestre em Física do Estado Sólido, pela Universidade Federal Fluminense, no Brasil.

Foi premiado pela tese de doutorado em Física Matemática, concluído em 1998, no Departamento de Matemática do Imperial College of Science Technology and Medicine, no Reino Unido.

Fez pesquisas científicas por dois anos na Delft University of Technology, da Holanda.

CLAUDIA MAFFINI GRIBOSKI

Diretora de Avaliação da Educação Superior (Daes/Inep/MEC). Graduada em Pedagogia com especialização em Gestão Escolar e mestrado em Engenharia de Produção na área de Qualidade da Gestão Escolar pela Universidade Federal de Santa Maria (UFSM), É doutora pelo Programa de Pós-Graduação em Educação na Universidade de Brasília.

ROGÉRIO MENEGHINI

Coordenador do *Ranking* Universitário da Folha (RUF). Graduou-se em Química e doutorou-se em Bioquímica pela Universidade de São Paulo em 1969. Realizou pós-doutorado no National Institute of Environmental Health Sciences (NIH) e na Universidade de Stanford (1972-1974). Durante o ano de 1989, permaneceu no Regional Cancer Center da Universidade de Ottawa, Canadá, como professor convidado. Trabalhou em bioquímica / biologia molecular nos seguintes temas: replicação de DNA, reparo de DNA, lesões em DNA por luz e estresse oxidativo. Foi um dos pioneiros no estudo da participação de íons de ferro nas alterações estruturais celulares produzidas por agentes oxidantes. Publicou mais de 90 trabalhos internacionais nessas áreas. Foi criador e diretor do Centro de Biologia Molecular Estrutural do Laboratório Nacional de Luz Síncrotron, em Campinas (1997-2004).

Desde cedo, dedicou-se ao estudo de comunicação científica e da ciência brasileira sob vários aspectos, de avaliação a mensuração com indicadores e suas possibilidades de aplicação em política científica. Dirigiu os trabalhos de avaliação da USP (1993-1998), foi adjunto da Diretoria Científica da Fapesp (1993-2005) e participou da criação do Projeto SciELO de revistas científicas, que em fevereiro de 2012 englobava 16 países e 910 periódicos.

É membro da Academia Brasileira de Ciências. Em 2001, recebeu a comenda Grã-Cruz da Ordem Nacional do Mérito Científico.

FERNANDO SCHÜLER

Diretor-geral do Grupo Ibmec. Graduado em História, tem mestrado em Ciências Políticas e doutorado em Filosofia pela Universidade Federal do Rio Grande do Sul (UFRGS). Pós-graduado em Cooperação Internacional pela Universidade de Barcelona, Espanha, e especialista em Políticas Públicas e Gestão Governamental pela Escola Nacional de Administração Pública (Enap). Foi bolsista do Faculty Reseach Program, do International Council for Canadian Studies. Foi diretor executivo da Fundação Iberê Camargo, de Porto Alegre, chefe de gabinete do ministro da Cultura, secretário de Estado da Justiça e do Desenvolvimento Social do Rio Grande do Sul. Atualmente, além de dirigir o Grupo Ibmec, é curador do Projeto Fronteiras do Pensamento, iniciativa cultural que aposta na liberdade de expressão intelectual e na educação de qualidade como ferramentas para o desenvolvimento.

CARLOS ALBERTO FILGUEIRAS

Sócio, conselheiro e presidente da Devry Brasil, tendo sido cofundador da Faculdades Nordeste S/A (Fanor) e responsável pela organização do empreendimento durante o desenvolvimento do grupo.

Antes disso, Filgueiras iniciou carreira como cofundador e diretor-geral da empresa InterCouriers, que foi parcialmente incorporada pelo Grupo Eike Batista, em 2000, passando a compor a empresa ebX Express Brasil, na qual permaneceu como diretor de Marketing & Franchising até 2002.

Cursou Engenharia Civil na Escola Politécnica da Universidade de São Paulo e Administração na FGV-SP e fez MBA na Stanford Graduate School of Business, sediada na Califórnia, EUA.

GEORGE D. KUH

Professor adjunto de Política Educacional na University of Illinois e professor emérito de Educação Superior da Indiana University, onde cumpriu brilhante carreira desde 1982. Nesta última instituição, fundou o Centro de Pesquisa Pós-Secundário e criou o National Survey of Student Engagement (NSSE), ferramenta de avaliação que ampliou também para estudantes de Direito, calouros e corpo docente.

É diretor do National Institute for Learning Outcomes Assessment (NILOA) e fundador do Strategic National Arts Alumni Project (SNAAP), primeiro estudo em profundidade sobre os fatores que ajudam ou atrapalham a carreira dos estudantes na fase anterior à faculdade.

Autor de vasta obra em torno de melhoramento institucional, engajamento de estudantes de faculdade, estratégias de avaliação e cultura no *campus* universitário, lançou mais recentemente livros como *Student Success in College: Creating Conditions That Matter* ("Sucesso do estudante na faculdade: criando as condições que interessam") e *Ensuring Quality and Taking High-Impact Practices to Scale* ("Garantindo a qualidade e adotando práticas de alto impacto em grande escala"). Consultor de mais de 350 instituições de educação superior nos EUA e no exterior, foi presidente da Association for the Study of Higher Education e faz parte de conselhos de diversas entidades relacionadas ao ensino superior. A comunidade internacional do setor o aponta como "o real criador do campo da avaliação da qualidade institucional".

SOLANO PORTELA

É diretor educacional do Instituto Presbiteriano Mackenzie, de São Paulo. Em paralelo às atividades administrativas, atua como professor convidado, ministrando módulos nos cursos de especialização e mestrado oferecidos pelo Mackenzie e pelo Centro Presbiteriano de Pós-Graduação Andrew Jumper. Em seu cargo atual, responde por três colégios (São Paulo, Tamboré/Alphaville e Brasília) e pelo projeto que produz os Sistemas Mackenzie de Ensino, atualmente utilizados em 170 escolas, em 19 estados do Brasil.

Bacharelou-se *magna cum laude* em 1971 em Matemática Aplicada pelo Shelton College, sediado em Cape May, Nova Jersey; em seguida, fez mestrado em Teologia, concluído em 1974 no Biblical Theological Seminary de Hatfield, Pensilvânia. Exerceu docência em diversas instituições de Recife, Manaus e São Paulo e foi dirigente de empresas nacionais e multinacionais, nas quais ocupou diretorias em áreas industriais, administrativo-financeiras e na gestão geral.

Autor de diversos trabalhos sobre liderança, finanças, educação, ética e teologia, lançou o livro *O que estão ensinando aos nossos filhos?*, uma análise da pedagogia contemporânea e da resposta de uma educação escolar cristã. É conferencista em encontros profissionais de gestão e na área de ética e teologia.

HENRIQUE LUÍS SÁ

Vice-reitor de ensino de Graduação da Universidade de Fortaleza, desde 2009.

Professor de Pediatria, Educação das Profissões da Saúde e Habilidades Médicas para o curso de Graduação em Medicina, desde 2005. Também ministra matérias para aperfeiçoamento e desenvolvimento docente na área da saúde.

Formado em Medicina pela Universidade Federal do Ceará, tem especialização em Clinical Trials, 1997, na London School of Hygiene and Tropical Medicine, Inglaterra, mestrado em Health Professions Education, University of Illinois at Chicago, 2001, e doutorado em andamento em Ensino Superior na Universidade de Liverpool, Inglaterra, desde 2011.

É membro do Comitê Editorial da *Revista Brasileira em Promoção da Saúde*, desde 2005.

LISANDRA MATIAS

Editora do *Guia do Estudante* desde 2001, é responsável pela coordenação editorial de cinco títulos desse segmento de revistas da Editora Abril e pela edição de dois de seus títulos paradidáticos relativos ao vestibular. Antes disso, trabalhou no *Almanaque Abril* (impresso e CD-Rom), onde entrou como repórter e chegou a editora no período 1995-2000.

Formou-se em Comunicação Social pela Pontifícia Universidade Católica de São Paulo (PUC-SP) em 1993 e em Ciências Sociais pela Universidade de São Paulo (USP) em 1999.

Coordena o conteúdo editorial de eventos promovidos pelo *Guia do Estudante*, como os prêmios Melhores Universidades, Guia do Estudante – Destaques do Ano e Feira do Guia do Estudante. Em 2012, recebeu da Associação Nacional dos Dirigentes das Instituições Federais de Ensino Superior o Prêmio Andifes de Jornalismo na categoria Ensino Superior, pela série de reportagens "Estudar para crescer".

Coordenação geral
CONVERGÊNCIA COMUNICAÇÃO ESTRATÉGICA

Direção editorial
MIRIAN PAGLIA COSTA

Coordenação de produção
HELENA MARIA ALVES

Preparação de texto e revisão de provas
PAGLIACOSTA EDITORIAL

Capa e projeto gráfico
LUMIAR DESIGN

Impresso no Brasil
Printed in Brazil

Formato	17x24 cm
Mancha	11x17 cm
Tipologia	Bembo 12/16
Papel	Chambril 90 gr/m2 (miolo)
	Cartão 250 gr/m2 (capa)
Páginas	160